# Overall Optimization

オーバーオール・オプティマイゼーション

## 個別最適経営に意味はない。今こそ全体最適経営を

宮本裕司 編著

プレジデント社

# はじめに　経営とテクノロジーの新たな関係

いつかリーダーになる皆さんへ。

本書は次世代経営リーダーに向けて、経営改革とデータ活用の事例を通じ、日本企業再起のヒントをご提供できたらという願いで書きました。

〝ヒト・モノ・カネ〟という経営の三要素は、〝ヒト・モノ・カネ・情報・デザイン・テクノロジー〟の六要素へと変化しました。しかし実態としては、情報やテクノロジーという言葉の意味する範囲が広すぎて、何が肝要なのか共通理解が難しいと筆者は日々感じています。

本書はテクノロジー論ではなく経営論としてまとめたので、ＩＴ部門以外の方々にこそ、ぜひ読んでいただきたいと考えています。もちろん、すでにリーダーである方や、さらに上の階層を目指す方、経営層の方にも多くのヒントをご提供できると思います。

２０００年代後半を振り返ってみると、社内に蓄積されたデータを共有・分析するビジネスインテリジェンス（ＢＩ）ツールが流行し、データ分析そのものが目的化したことを思い出します。しかし、立案したゴールにひたすら進むことを是とし、仮説検証しない旧来の組織文化では、どんな道具を導入しても威力を発揮しません。また、「リーダーは答えを知っている」という前提で部下がやみくもに仕事をしたり、面従腹背したりしているようでは、仮説検証する組織を作ることもできません。

デジタルブームやサステナビリティーブームが、かつてのＢＩツールブームと同じようになるのではないかと筆者は危惧します。

例えば、多くの企業がサステナビリティーを商機と捉えていますが、本質的なことや優れた考えは20世紀にもう世に出ており、特定の企業が先駆者になる時代ではありません。

１９９４年、起業家のジョン・エルキントンは、伝統的な資本主義と異なるトリプル・ボトム・ライン という概念を提唱しました。それまでのボトム・ライン（利益）に対し、三つのボトム・ラインと三つのＰを提唱したのです。[※1]すなわち、People（企業にかかわる人々）、Planet（地球）、Profit（利益）で、これらが測定可能なボトム・ラインであるという考えです。この手法は企業と社会を持続的に変革する仕組みとして考案されたのですが、いつの間にか会計ツールのようになってしまいました。同様にテクノロジーも、本来は人間を幸福にするための手段、道具なのに、目的化していることがあると筆者は感じています。

自社のウェブサイトや広告を出しているマーケティング部門や、製品のソフトウェアエンジニアリングを行っている設計開発や生産技術部門のほうが、ＩＴ部門よりもシステムを使う時間が長いかもしれません。つまり、私たちはどんな部門でも無意識のうちにテクノロジーに関わっており、企業の各所にテクノロジー人材がいるのです。テクノロジーという手段で多くの社員が企業を支えている今、経営とテクノロジーの関係について考えてほしいと筆者は願います。

本書では業種や企業規模を問わず、普遍的な取り組みを実践している企業を事例として紹介しています。「ツールをこう導入し、決算処理が早くなった」とか「省力化できた」とかは、単なる表面的な現象です。現象ではなく、「だから過去を報告する会議がなくなり、未来を議論する会議になった」「部門横断で自律的に行動する組織文化に変わった」というビジネス価値まで掘り下げることを心がけました。

Chapter 4の社長対談では、話し手の視座の高さと見ている景色を活字化する努力をしました。ここでは経営の本質と目的について論じています。今の時代に大事なのは、ＩＴを用いた技術的な議論ではなく、「だから自分たちはこういう経営や働き方をする」というビジネスの視点です。さらにいえば、Do-er（どうするか）という効率論より、Be-er（どうあるべきか）という企業としてのあり方論でしょう。

このような時代に、経営とテクノロジーの関係を考える指針として本書を読んでいただけることを願います。

文責：宮本裕司

引用・参考資料

※1…Elkington, John. "25 Years Ago I Coined the Phrase" Triple Bottom Line. "Here's Why It's Time to Rethink It". Harvard Business Review. 2013.

## Contents

# Chapter 1

# 今、講ずるべき経営の打ち手

## 日本企業の強みと弱みとは

このChapterでは日本企業が再起するための方策についてお話しします。昨今、GDPや労働生産性の停滞が頻繁に報道されているので、まずは労働生産性の問題提起から始めます。

世の中でいわれている〝労働生産性〟は、いかに効率的に働くかという〝物的労働生産性〟と、働いた時間でどれだけ付加価値を生んだかという〝付加価値労働生産性〟の2種類に分かれます。図1の通り、物的労働生産性については、日本は2000年から今に至るまで右肩上がりで、いまだ世界上位を維持しています。一方で付加価値労働生産性については、2000年からほとんど上がっていません。[※1]

20世紀末にはすでに〝乾いた雑巾〟といわれるほどコスト削減と改善を重ねた日本の現場ですが、その後20年間にわたって向上してきたのは、現場の勤勉さと改善能力のたまものだと考えます。ここまで作業効率を上げ続けた現場、特にブルーカラーの方々に敬意を表します。

一方、早く作った製品を高い利益で販売することが今までできていなかったわけです。これは、よく報道される下請けいじめか、経営判断が正しくなかったか、営業活動が正しくなかったかという、ホワイトカラーの問題です。

「労働生産性が低い」というビッグワードを正しく理解しなければ、間違ったところにメスを入れる可能性があります。

ところで、筆者は大学受験で1年浪人しているのですが、お金がないのに何の文句も言わずに浪人させてくれた両親に感謝しています。しかし、これが3浪だったら、両親へのお詫びどころの話では済みません。

では、3浪どころか30浪した日本企業はどうでしょうか。変化を拒んだり、言い訳をしたりするほど余裕はあるのでしょうか。

また、「なかなか変えられないので、10年かけて経営改革する」というスローガンを聞くことがあるのですが、「会社の平均寿命が30年なのに、変えるのに10年もかけていたら、その頃にまだ会社が存在しているのだろうか」と心配になることがあります。

経営学者のジェイムズ・アベグレンは1958年発表の著書で、終身雇用、年功序列、企業内組合の3点が戦後の日本企業の強みであり、日本的経営であると分析しました。[※2] アベグレンの指摘するように、日本企業は本来、家族的で、長期的視野を持ち、横のつながりが強く、職責を超えて支え合う、よき文化がありました。

しかし職責が明確ではないため、「これをやっておいてくれ」という〝なんとなく指示〟の仕事にあふれ、人員も給与も増えないまま例外対応に追われるようにもなりました。勤勉で誠実な日本企業の従業員たちは、苦しい状況でも自部門内で改善活動を続け、なんとかしてきたのですが……。

自部門の効率化を追求していった結果、いつの間にか日本企業は縦割りになってしまったという意見をよく耳にします。本来強みにしていた横のつながりを失い、部門内のコミュニティー的つながりだけが強い状況になってしまうと、今度は上下のつながりにも、岸壁のような強固な隔たりができてしまいます。そこで登場するのが、ＣＮＤ（調整、根回し、段取り）です。

筆者が訪問させていただいた企業でも、経営者と現場の考えに隔たりがあったり、横の部門とのコミュニケーションに難があって困っていた

## 図1▶ 付加価値労働生産性（上）と物的労働生産性（下）の推移

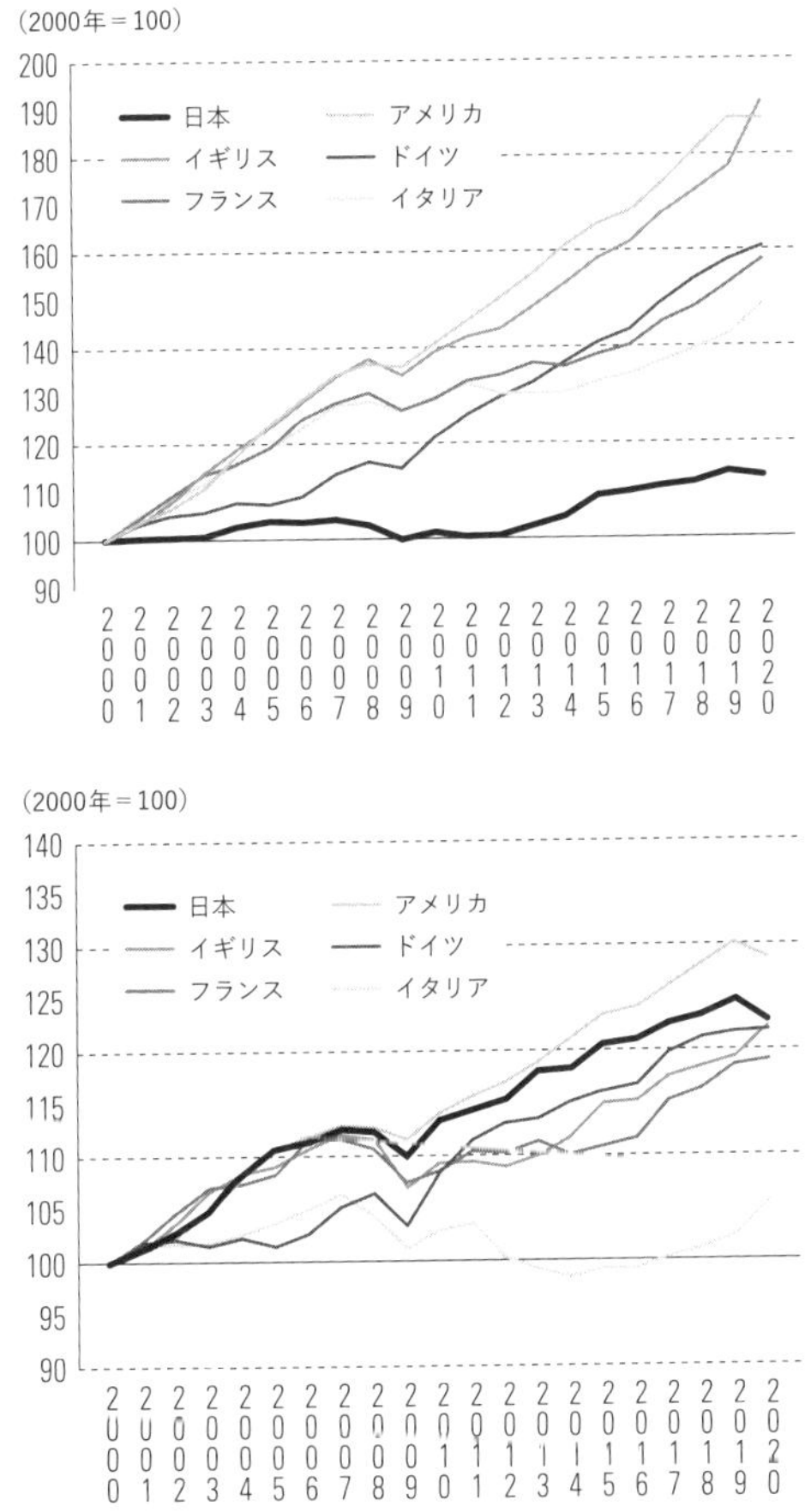


出典：OECD Stat

りする様子を目にしてきました。

　本来このような状況を変えるのは、注意義務を持つ執行役員や善管注意義務を持つ取締役です。しかし、経営の執行と監督が日本ではまだうまく機能しておらず、経営陣が、企業全体の利益を考えて経営するに至っている企業は少ないというのが、筆者の肌感覚です。企業全体を優先することは、長期的には社員のためになることが多いため、全体最適指向の定着がまず必要といえます。

## 現場の本質とは何か

「現場が会社を支えているから、経営陣でも現場を、変えられない」という声を聞くことはないでしょうか。この指摘通り、果たして今でも日本企業の現場は強いのでしょうか？

　400以上の現場を研究してきた経営学者で現場研究の大家、遠藤功氏は、「現場は維持するだけでなく、改善や新しいことをやるべきだ」と指摘しています（図2）。また、現場の同質性、隔絶性という特徴から、他部門との干渉を避けて各現場が孤立してしまうリスクもあるとのことです。

ところが、遠藤氏が製造業の現場で働いていた頃、設備トラブルや部品納期遅れ、特急オーダーなどの異常対応に追われると、ルーチンワーク以外に従事した達成感を覚えたそうで、以下のように述べています。

こうした「異常処理」はそれなりの達成感を味わうことができるものの、その達成感はけっして健全なものではない。本来であれば起きてはいけない「異常」を片づけることで生まれる「刹那的な(momentary)達成感」だということもできる。※3

すべてが計画通りに進むことはありませんが、このような異常の対処が常態化してしまうと、それが目的化してしまい、現場が本来やるべき維持や改善活動ができなくなってしまいます。さらに、部門の管理指標達成度や、特急オーダーが他のオーダーに与える悪影響を把握できないという弊害が発生します。

現場の本質は、電話対応や、紙を表計算ソフトに転記したり、過去の記録を必死で探したりすることではありません。現場が本来やるべき仕事とは、モノづくりや改善であり、現場もそれをやりたいと思っているはずです。

つまり、昔の働き方で忙しくしている現場は、改善して新しい価値を生むということができなければ強い現場とはいえないということです。どのような人間も、現状維持の罠に陥ってしまうため、本質的な現場の仕事を大所高所から経営陣が考えることが、現場社員の幸福につながるといえるでしょう。

## 歴史的経路依存症から脱却する

過去の制度や仕組みに縛られてしまう現象を、歴史的経路依存症と呼びます。高度成長期の物不足の時代に、安い人件費とコスト削減で、日本企業は勝ち上がりましたが、今もその発想の延長線で経営しているとすれば、歴史的経路依存症に陥っているといえます。安い人件費と、大

**図2▶ 現場力を形成する三つの能力**

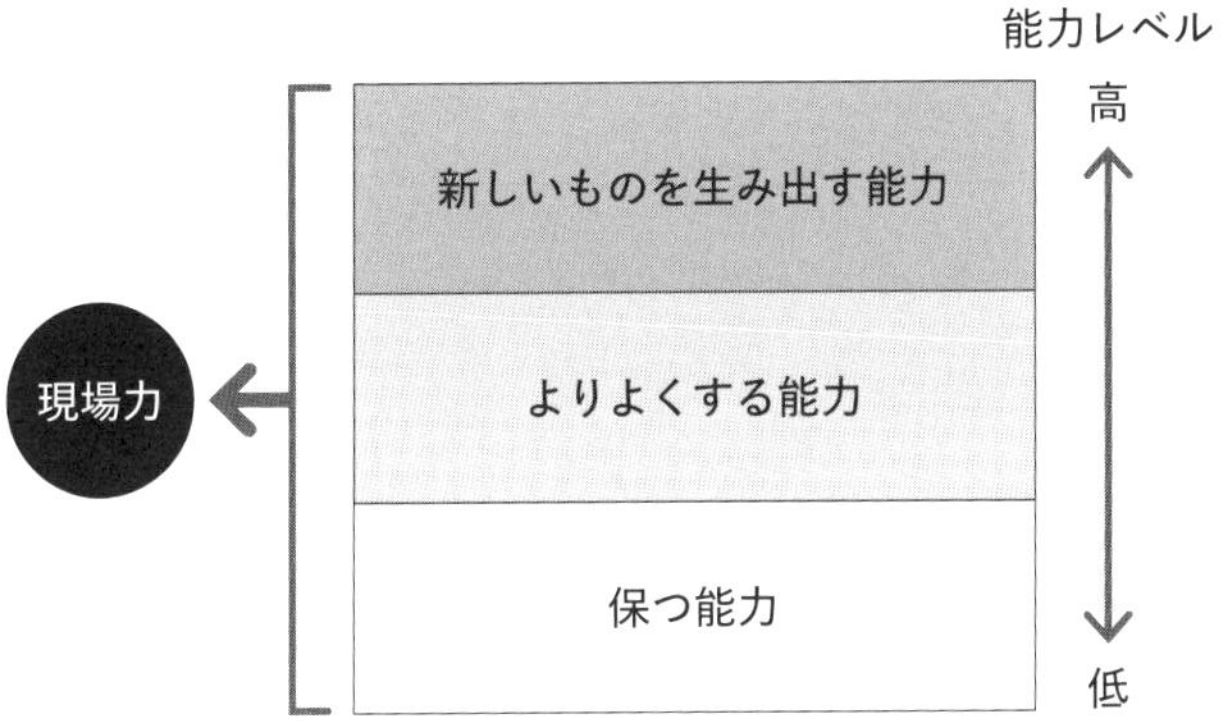


出典：遠藤功『現場論』

量生産によるコスト削減をすれば売れるという思い込み、効率を上げれば競争力も上がるという先入観、何かをする際に必ず投資対効果を問う固定観念など、20世紀に是とされていた方法を今も続けている日本企業を多く見てきました。

例えば、皆さんの会社は中期経営計画を発表していますか？

実はアメリカのNYダウ30社のうち、中期経営計画を発表しているのは、2015年時点の構成銘柄中に2社しかありません。[※4] 計画通りにものごとが進んだ1960年代では中期経営計画は有効でしたが、今はそのような時代ではないわけです。中期経営計画に慣れている方は驚かれたかもしれませんが、これほどまでに経営環境の察知と変化、対応について、日米で差が出ているのです。

では、中期経営計画の達成度はどうでしょうか？　計画を作るのに疲弊するくらい労力をかけて作り、3年目は仕上げとして着地点を模索する中期経営計画です。

2015年の東証一部（当時）100銘柄のうち54社が製造業でしたが、そのうち中期経営計画を達成したのは5社しかありませんでした。

つまり中期経営計画とは、〝達成しても達成しなくても影響がない計画〟ということになってしまいます。[※5] だとしたら中期経営計画を作るのをやめたり、中期経営計画を1年ごとのローリング方式にしたりといったことを考えたほうがよいわけです。

「昔からこういうやり方をして成功した」という〝過去〟に縛られた働き方ではなく、これから国内人口が減ることや、すべてのステークホルダーの幸福を考えて経営するといった、〝未来〟に目を向けた働き方をする必要があります。

このような経営の大規模な方向転換を行うには、経営陣の率先垂範が必要です。

歴史を振り返ってみても、第一次産業革命や第二次産業革命で生き残った企業の共通点は、蒸気機関の採用や、蒸気機関から電気駆動への業態のシフトを経営陣が決めてきました。「どうやら、世の中の動向が変わっている」と微妙な変化を感じ取り、経営者が新しい戦い方に舵を切れなかった企業は、衰退したわけです。

会社の存続にかかわるような大転換ですから、当然、経営陣の意思決定でなしえたものです。そして、危機感を察知した現場と経営陣の強い思いが一体となることが必要です。

## デジタルトランスフォーメーションは炊き込みご飯

デジタルトランスフォーメーションは、〝テクノロジーを活用して完全に新しいビジネスモデルや、経営方法を作り出す〟ことです。〝完全に〟という言葉がついているように、既存の延長線上で考えるものではなく、経営の発想法や世界観を転換させる必要があるというのが、とても大切なポイントです。

人間は自分が経験してきたことの延長線上でものごとを考えがちです。古い例でいうと、自動車が市場に出てきた際、「自動車は大きくて邪魔だ、メンテナンス費がかかる、舗装された道しか走れないからだめだ」など、馬車に携わる業者たちは既存の延長線上で考えました。しかし、この議論はたった10年あまりで勝負がつきました。どちらが勝ったかは皆さんもご存知の通りです。

現在のデジタル論争は、従来型の発想法を何も変えず、既存のビジネス（白ご飯）に、テクノロジー（ふりかけ）を取り入れている〝ふりかけモデル〟がほとんどです。これはまだ〝白ご飯〟という〝過去の思考法〟の延長で考えています。

確かに、AI技術やIoT、ビッグデータ、アジャイルといったテクノロジー＝〝ふりかけ〟を口にするとおいしいですし、何か価値を生んだような錯覚を覚えます。しかし、ビジネスモデルやオペレーション、価値観、行動が従来と変わっていなければ、単なるふりかけご飯に過ぎません。

そうではなく、第三次産業革命から私たちが持っていた発想法や世界観をすべて捨て去り、新しい仕事の仕方、新しい経営のあり方をゼロベースで作り直す必要があります。いわば〝白ご飯〟に〝ふりかけ〟をトッピングして、さらに完全に再構築した〝炊き込みご飯モデル〟です。[*1]（図3）

現場も経営陣も、〝リーダーは答えを知らない〟〝正解はない〟という発想法を持ち、市場を白地図だと思って、明日の顧客、明日の市場を探していくことが必要です。

＊1：「ふりかけモデル」と「炊き込みご飯モデル」は、グロービス経営大学院の吉田素文教授が提唱するデジタルトランスフォーメーション論に依拠した。吉田氏が監訳した、マルコ・イアンシティ＆カリム・R・ラカーニ『AIファースト・カンパニー――アルゴリズムとネットワークが経済を支配する新時代の経営戦略』の監訳者あとがきに、この理論の概要が記載されている。

このような経営においては、データは財産であり、顧客や組織に瞬間的にデータを届けることで、戦い方が変わります。今まで自社のサービスや製品を売っていた企業が、顧客の片づけたい仕事を解決できる情報を想定外の業務で入手することがあります。その情報こそ、新しいビジネスモデルを作る源泉であり、他社や顧客が求めているものかもしれません。

このように、組織文化とテクノロジーを〝炊き込みご飯〟のように再構築し、自社の果たす役割を完全に作りかえることが、デジタルトランスフォーメーションです。まだ日本には、〝炊き込みご飯モデル〟と呼べるほど、過去をアンラーン(捨て去ること)し、新たな発想で経営している企業はあまりありません。海外企業に追いつくためにも、完全に新しい思考法や行動習慣が必要であることを、リーダーから現場まで理解してほしいところです。

図3▶「ふりかけ」モデルと「炊き込みご飯」モデル

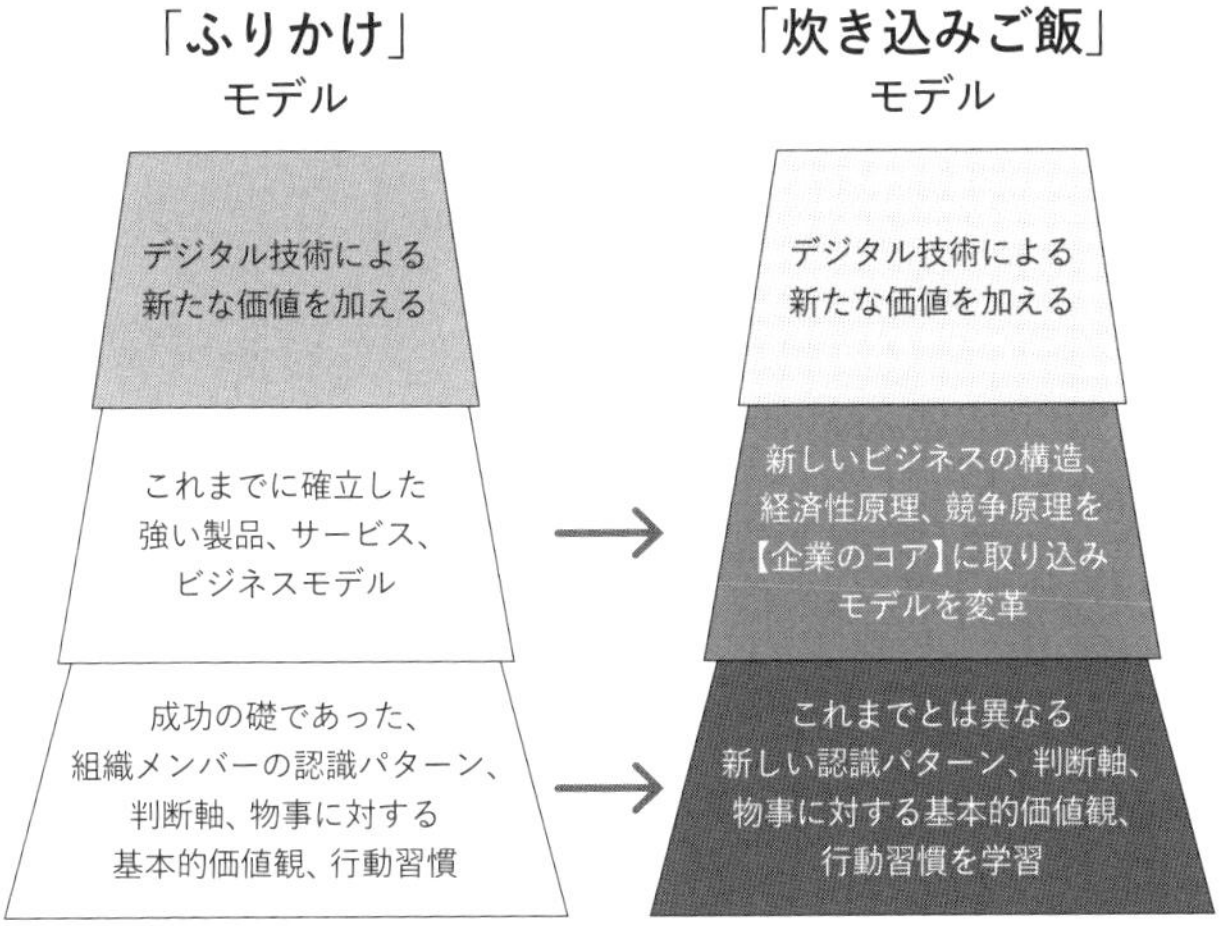


組織メンバー、特にリーダーが
変化の本質と必要性を理解したうえで、
自ら学習、変容、成長できるか？

出典：グロービス経営大学院「テクノベート・ストラテジー」
吉田素文教授 担当クラス ハンドアウト

## ＩＴ人材は本当はたくさんいる

ＩＴベンダーやコンサルティングファームなどがデジタルトランスフォーメーションブームに乗じて、「攻めのＤＸと守りのＤＸ」や「ＩＴベンダーにこそＩＴ人材がいる」といった商売文句を口にします。ですが、〝炊き込みご飯モデル〟を作るのに攻めも守りもありませんし、ＩＴ人材の配置も深掘りが必要です。

主にＩＴベンダーが作成する『ＤＸ白書』では、事業会社とＩＴ企業にいるＩＴ人材は、それぞれ34・６万人、１０７・９万人と記載されています。[※6] ここでいう事業会社のＩＴ人材とは、〝ＩＴ部門の人員〟という定義のようです。

では、マーケティングオートメーションをしている人たちや、ＰＬＭ（Product Lifecycle Management）で研究開発をしている人たち、モノづくりでソフトウェアエンジニアリングをしている人たちはどのくらいの人数がいるでしょうか。今の業務はテクノロジーと深く関わり、会社のあらゆるところにＩＴ人材がいるわけです。要は、ＩＴ部門とＩＴベンダーという従来型の切り分け方そのものが、今の時代にそぐわないのです。変革を提言するＩＴベンダーもまた、思考法を変えるべき時期にきています。ユーザー企業もＩＴベンダーも、まずやるべきなのは、過去の成功体験を忘れ、仮説検証しながら新しい方法を探す組織文化を作ることです。手段であるテクノロジーの議論はいったんすべて忘れ、目的である経営をどのような形にするかが先決です。

〝ふりかけ〟を買う前にまず、「自分たちはどんな経営をしたいから、そのためにどんな道具を使う」ことをちゃんと決め、〝炊き込みご飯〟を作る世界観を再構築することが必須なのです。

## 縦割りは社員と顧客の天敵

ここまで、労働生産性やデジタル化といったマクロ環境の話をしてきましたが、ここからは会社というミクロの話に軸足を移していきます。

筆者から皆さんにお聞きしたいのですが、企業内で縄張り争いはありますか？　それによって生じる損失は測れていますか？「新しいことをやれと指示が出るが、投資対効果を問われてお試しもできない」といったことはありませんか？

部門内の縦のコミュニケーションは比較的簡単にできると考えられますが、部門横断の横のコミュニケーションは難しいものです。従って、組織同士お互いが見えないという横の断絶が起こりがちです。

本来、企業内の縦と横の組織間のコミュニケーションパスは、膨大な数です。電話やＦＡＸのような古典的な手段でコミュニケーションしたり、複数の情報を伝言ゲームしたりすると、いつの間にか情報の誤記や不整合が起こってしまいます。手間がかかるという単純な理由ではなく、お互いの「今」がわからずに原材料を発注したり、完成品を生産したりして、ヒト・モノ・カネの貴重な経営資源を浪費してしまいます。

加えて、上司からの指示や部下からの報告の際に情報が減衰し、「経営から現場が見えない」とか「現場から経営が見えない」とかいった、組織間の縦の断絶も起こります。

現場の悩みや危機感が経営陣に伝わらないという話をよく聞きます。「自分たちはコミュニケーションできている」と主張する人たちに向けて、日本アイ・ビー・エム（以下、ＩＢＭ）のＣＳ担当だった大久保寛司氏はこう投げかけます。

「俺のところには、現場の悩みはどんどん集まってくる」

しかし、あえて私は「本当に、そうですか？」と問いたいと思います。これもピラミッド型組織の特徴で、最下層ではドロドロに濁っていた水が、階層構造の仕組みを通過してくるとだんだん浄化され、頂上にたどり着いた時には蒸留水のようになっていることが少なくないからです。※7

テクノロジー企業であるＩＢＭは、高い技術力を持っているだけでなく、大久保氏のような人材を輩出する希代のお客様指向の組織文化を持っていたわけです。

「企業や組織は一番知りたいことから聞きたがる」ため、「顧客至上主義を提唱しつつ、経営会議やチームミーティングで業績の話から入る会社は、本当は業績至上主義だ」と大久保氏は指摘しています。

同じくＩＢＭの専務（当時）の武藤和博氏は、以下の順にマネージャーたちに質問していました。

1. あなたとあなたの部下の先週のハピネスを教えてください
2. あなたのお客様の先週のハピネスを教えてください
3. 最後に、事業部と部の業績の話をしましょう

つまり、自部門の業績よりも、部下や顧客というヒトのことを重視して、聞きたい順に聞いていていました。年商約１兆円の外資系企業日本法人でも、このような経営ができるわけです。

役員が率先垂範するため、部下もおのずと同じ行動を取るようになり、同僚や上司、部下、そして顧客を大切にし、部門の壁がなくなりました。読者の皆さんもやろうと思えば、どの階層のリーダーでも、今日からでも始められます。

## 行動変容に必要な「根拠」

筆者が前職で経験した、行動変容の例をお話しします。もう10年ほど前ですが、「自社を利益指向の会社に転換する」と経営者が方針を決めた際、営業のノルマは売上ではなく、利益になりました。何を、何%割引で、どこに売れば、粗利や税引き前利益、割引現在価値がいくらになるかを各営業員が把握したうえで行動するようになりました。

しかも、自社のWACC（加重平均資本コスト）をもとに、自分が提案する投資のNPV（正味現在価値）やPTI（税引き前利益）がいくらになるかまで算出して提案していました。もう10年も前のことですが、これを上回る営業組織をまだ見たことがありません。

「わが社は利益指向だ」と提唱している企業には、営業のノルマを売上ではなく利益にすることをお勧めします。そうしなければ、営業員は売上というノルマを達成するために、〝売りやすいものを売る〟という呪縛から逃れられないでしょう。しかし、利益をノルマに変えるためには、得意先別、販路別、部門別、品目別損益計算書（P／L）を全員がリアルタイムで把握できるようにすることが前提条件になります。属人化した業務があったり、部門間で情報の断絶があったりすると、こうした情報がわからないため、利益指向の会社への転換はかなり難しいわけです。

新しいことに挑戦し、早く失敗して、早く軌道修正しないといけない今の時代には、日本人の好きなＰＤＣＡサイクルではなく、ＯＯＤＡループ[*2]の高速性が必要だとされています。ＰＤＣＡサイクルは重厚長大なため、先行きが不透明で、高速に変化への対応が必要な今の経営環境には不向きです。

何らかの仕組みを導入して業務標準化や決算早期化ができたとして、それがどれだけの効果を生み出しているのかは測定できないことが多いでしょう。しかし、業務標準化ができればローテーションや世代交代が可能となって事業継続リスクに対処できますし、決算早期化ができれば前月の異常値を見て対処するというＯＯＤＡループを回せます。早期に正確な決算を発表できれば投資家からの信頼が上がる可能性もあります。つまり、経営とは複雑に絡み合っているものであり、単純に施策の投資対効果を問うのではなく、「その先にあるもの」を見据えて打ち手を講

＊2…観察（Observe）－状況判断（Orient）－意思決定（Decide）－行動（Act）を高速で繰り返す意思決定と行動理論。ＶＵＣＡと同様、軍事理論だったが、２０１０年代から民間でも適用されている。

じるのが経営者の仕事というものです。

ヒトは簡単には変われない。しかし、ヒトは理由があれば変わる。そして、モノやカネと違って、ヒトは唯一成長する。だからこそ、経営者がちゃんと理由づけと動機づけをし、組織を変えていく仕組みを作る必要があるのです。

## 戦略は組織に従う？

経営学者アルフレッド・チャンドラーが記した「組織は戦略に従う」という論と、同じく経営学者イゴール・アンゾフが記した「戦略は組織に従う」という論について、ビジネススクールや経営の現場で多くの議論がされてきました。前者は「戦略が組織すらも変えてしまう」という考え、後者は「戦略は組織の持っている能力や資源によって決まる」という考えです。

日本企業の場合、別の意味で「戦略は組織に従う」という印象を受けませんか？「わが社は現場優先」や「現場が強すぎる」という声を聞くことがあり、経営陣ですら自社の必要とする変革を推進できないということが多々あります。

前述した通り、日本企業はいつの間にか縦割りになってしまったという声をよく聞きます。企業規模が小さかった頃は情報連携できていたものが、メールや電話で確認しなければ状況がわからなくなっていたのです。また、部門同士で情報を開示することを嫌がり、自部門と他部門で牽制することもあります。

「いや、うちは違う」という意見があるかもしれませんが、社長へ報告が届くまでに、それぞれの部門や階層のどこかで何らかの意思を入れてしまっている場合がありませんか？　これが、個別最適や情報の減衰を生む原因の一つです。あるいは、ＣＮＤがなければ始まらない会議、決まらない会議なども、本来の組織階層や意思決定プロセスから外れた、極めて例外的な対応だということを意識しなければなりません。

スタートアップ企業なら組織が小さいため、個人の裁量が大きく、コントロールスパンも広く、縄張り争いなどしている暇はありません。しかし国内・海外を問わず、企業が成熟してくると、おのずと組織が生まれ、管理指標が定められ、いつしか官僚主義的な働き方になってしまいます。

これは日本企業に限ったことではないのです。メルビン・コンウェイというコンピューター科学者が、「システムを設計すると、自分たちのコミュニケーション構造と同じものになる」[※8]と、1960年代に興味深い法則を提言しています。

働いているうちに、誰もが現状の延長線上で考えてしまいがちですし、アンラーンして完全に新しい仕組みや働き方を作るのが難しいわけです。

筆者がお会いしたある経営者が、過去の成功体験を忘れるため、経営会議でこのように発言しました。「今の働き方をリフォームするのではなく、全部捨てて引っ越しすべき」であると。リフォームという改善ではなく、引っ越しというアンラーンを経て、完全に新しい働き方をゼロから作り上げるという覚悟をこの発言から読み取れます。

ゼネラル・エレクトリックは1980年代、組織階層を9から4へ減らしました。[※9]結果として組織はフラット化し、意思決定権限は下へ下へと移っていきました。このように部下を自律的に行動させたり、意思決定を迅速化させたりすることが競争力の源泉です。

## 日本企業は日本文化に従う

元IBMのアナリストだったヘールト・ホフステード氏が、世界中の文化を調査した結果、文化は6次元で説明されるとわかりました。[※10]

ホフステード氏は、世界各国をまわって文化圏を定義していきましたが、他のどこにも属さない文化圏の国と出合いました。それが日本です。

図4の通り日本の文化は、権力への指向性はほどほど、集団主義でも個人主義でもなく、達成することにひたむきで、不確実性を排除し、長期的思考で、人生を楽しむ度合いはほどほどです。特に、達成・成功へのモチベーションと、不確実性の回避、長期的思考の点数の高さは、一見して日本の特徴だとわかります。日本的経営の終身雇用や年功序列は、こうした文化が背景にあると筆者は考えます。

逆に、権力への指向性はほどほど、集団主義でも個人主義でもないという文化は、面従腹背という行動を生むことがあります。

## 図4▶ ホフステードモデルで文化を比較

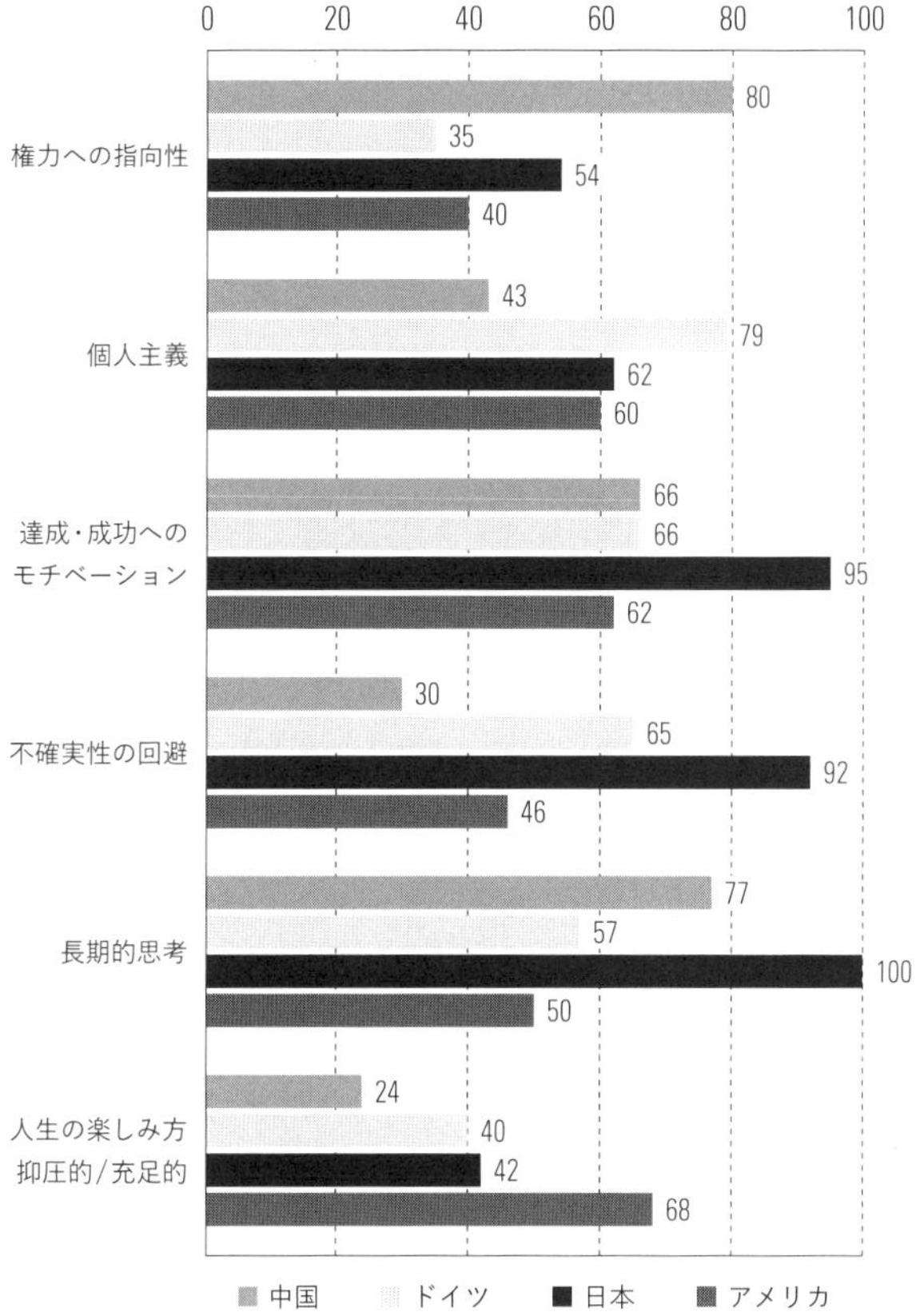


出典：Country Comparison Toolをもとに筆者作成
https://www.hofstede-insights.com/country-comparison-tool

四半期決算の導入や、転職市場の拡大により、日本企業の長期的思考は失われたという説もありますが、お国柄としての文化までなくなったわけではありません。

また、達成に向けてのひたむきさは、全員がやると決めた時の大きな動機となります。高度経済成長期や株式上場時、どの企業も熱く燃えるほど士気が高かったと察します。

日本企業に残っている課題は、集団と個人のどっちつかずのため、全体最適指向にできていない点と、組織文化を新しい時代にまだ変えられていない点だと筆者は考えます。本書Chapter 2では全体最適指向を実現した日本企業の事例を、Chapter 3ではデータを活用して組織文化と行動に変容を起こした事例をご紹介しています。これらの事例は、トップダウンのものもあれば、部門間で協業したものもあり、権力への指向性が中程度の日本的な変革です。

それらに加えて、Chapter 4では、経営者が普遍的に持つべき変革意識と経営の本質を2人の社長が語っています。経営環境が激変する今、経営者がどう向き合うか、示唆に富む内容です。

経営を考える際に、〝抽象と具体〟を行ったり来たりして解像度を変える思考の地図のようなものが必要となります。抽象的な議論では実行が伴いませんし、あまりに具体的で細かい議論に終始すると視座が低くなってしまいます。どんな企業の問題解決であっても、抽象化していくとどこかで〝他社もみんな同じ〟になりますし、具体化していくと〝我が社は特殊〟となります。要は、〝抽象と具体〟を使い分ける絶妙なバランスが必要なのです。

事例から学ぶ際、あまりに細部の情報に入り込み具体化しすぎると〝我が社は特殊〟となってしまうため、普遍的に導き出せる課題や教訓を考えることが大切です。自社が特殊なのだとすると、どのようにして特殊になったのか具体的なメカニズムを考え、事例との違いを考えてみることをお勧めします。

こうした事例を変革のヒントにし、個別最適から全体最適へと舵を切れば、従業員は自分の役割を理解し、会社全体のために働けるでしょう。「まだ戦える」から「いよいよ戦う」へとモードを変え、全員で前へ進みましょう。

世界で唯一の思考法と行動様式を持つ日本企業で、〝炊き込みご飯モデル〟を作っていきましょう。

文責：宮本裕司

**引用・参考資料**


※1…「情報化投資と労働生産性の国際比較」日本情報経済社会推進協会、2022年
※2…ジェイムズ・アベグレン『日本の経営』ダイヤモンド社、1958年
※3…遠藤功『現場論』東洋経済新報社、2014年
※4…「なぜ米国企業は中計を発表しないのか」大和総研、2015年
※5…小池貴之「中期経営計画に潜む落とし穴と処方箋」知的資産創造、2015年9月号
※6…『DX白書2023』独立行政法人情報処理推進機構、2023年
※7…大久保寛司『人と企業の真の価値を高めるヒント』中公文庫、2006年、85ページ
※8…Conway, Melvin. E. "How Do Committees Invent?". F. D. Thompson Publications. 1968.
※9…楠木建「企業変革の2つのモード（その9）『ニュートロン・ジャック』の衝撃」『ハーバードビジネスレビュー』ダイヤモンド社、2013年6月。https://dhbr.diamond.jp/articles/-/1855?page=2
※10…宮森千嘉子、宮林隆吉『経営戦略としての異文化適応力』日本能率協会マネジメントセンター、2019年

# Chapter 2

# 経営改革の実践者たち

ここでは、経営変革を実践している企業を
3社ご紹介します。
大胆な経営改革の事例には、三つの共通点が見出せます。

1. 経営トップが会社全体の利益を優先している
2. 全体最適指向の組織文化に会社が変化している
3. 業務標準化を契機に、仮説検証する行動変容が起きている

業務改革が部門単位の改革であるのに対し、
経営改革は部門再編、撤退すら視野に入れた
変革範囲が広いものです。
各部門の意見が分かれることが往々にしてありますが、
異論をまとめあげて会社全体の利益を優先できるのは
経営トップ以外にありません。

## Case summary 01

# 年商60億円のグローバルニッチトップが挑んだ興隆と危機

FINECS
FINECS CO., LTD.

企業名……… ファインネクス株式会社

所在地……… 富山県中新川郡舟橋村

年商………… 約60億円（2024年3月時点）

従業員数…… 約400名（2024年3月時点）

事業内容

日本一小さな村である舟橋村でコネクター端子やピンの製造を行う。金属を削らずに形を変えていく圧造加工を極め、民生品、自動車、医療などさまざまな業界と国へ、電子部品を供給している。

話し手

宮森 誠氏（支援本部 経営企画部長）

ファインネクスは、日本で一番面積の小さな村である富山県中新川郡舟橋村で、車載用コネクター端子やピンの製造でグローバルニッチトップを目指す企業。CPUの接続マイクロピンで世界トップシェアと聞くと、読者は驚くでしょうか？

ファインネクスの社名は、英語のFINE（素晴らしい）とCS（Customer Satisfaction＝顧客満足、Co-worker Smile＝社員、共に働く仲間の笑顔と幸せ）をかけあわせており、人を大切にする経営をミッションとしています。

「私たちは創業時から圧造加工を続けており、医療機器や工機など、色々な機械に必要とされる金属線材の加工を行ってきました。やがて選択と集中の結果、パソコンのCPUを接続するためのソケット用PGA（Pin Grid Array）ピンを主力事業とするようになりました」

こう話すのは、支援本部 経営企画部長で、総務課、経理課、国際事業課、情報システム課を管掌する宮森誠氏。パソコンの普及率は20世紀末から21世紀初頭にかけて急激に上がったため、CPUメーカーのPGAピン需要が拡大し、ファインネクスもその恩恵にあずかり業績を伸ばした結果、世界トップシェアを持つに至りました。図1で示すように、

2010年代前半には世界で75％という圧倒的シェアを獲得し、主力製品となったわけです。

「ところが近い将来、ファインネクスにとって危機が訪れることがわかりました。コンピューター業界では、いつ、どんなアーキテクチャーの、どんな製品が開発されるかのロードマップ（将来の製品計画）が発表されますが、CPUメーカーのロードマップによれば、PGAピンを使わないアーキテクチャーへと徐々に変更していき、2021年には完全に使わなくなることがわかったのです。私たちの主力製品であるPGAピンの需要がいずれ消滅すると知ったわけですから、会社として大きな危機感を抱きました。松田竜彦氏が社長に就任した2015年時点で、PGAピンの売上はピーク時の10％程度まで減っていました。いつこの事業が終息してもおかしくありません。まさに会社として抱いていた危機感は、存続の可否がかかった難局となったのです。2021年までには新事業で会社を成り立たせる必要があったのです。PGAピンが急になくなるというわけではないものの、販売量が徐々に減って、いずれは市場そのものが消滅することが明らかだったため、他の事業の収益性を高

## 図1▶ ファインネクスのCPU用コネクター端子世界シェア

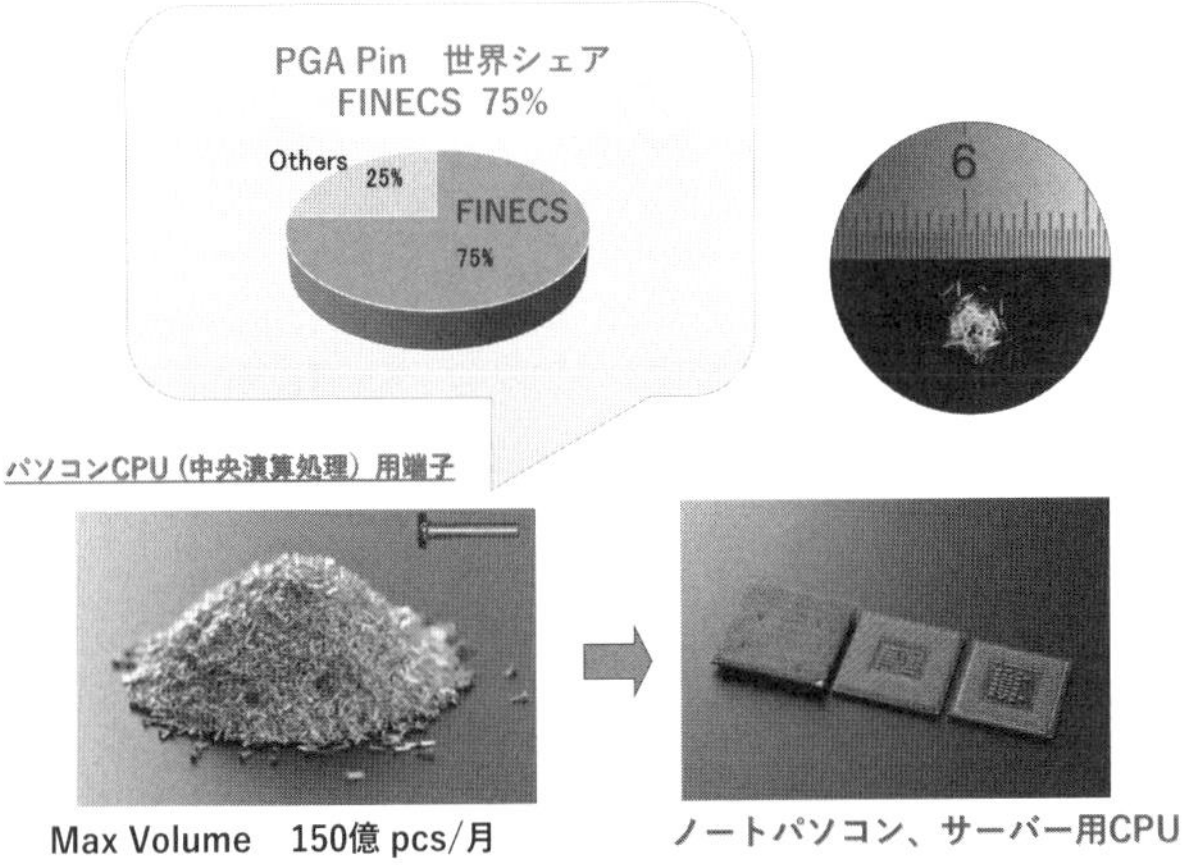

めつつ、新しいことに挑戦するという、極めて難しい経営環境におかれることになりました」

## 何から手をつけ、どう改革するべきか

世界トップシェアの主力製品がなくなる……。

新規事業を立ち上げつつ、既存製品の収益性を高めることを両立させなければ会社の存続が危ぶまれる状況でしたが、これは困難を極める改革だったと宮森氏は振り返ります。

「特に私たちの規模では経営資源はごく限られているため、今やるべきことに絞ってヒト・モノ・カネを投入しなければならないわけです」

しかし、当時のファインネクスは購買や営業、製造など各部門の運営方針を重視してきたため、会社全体の状況を把握しようにも、それができませんでした。例えば、管理会計を定着させている会社であれば、品目別、販路別、得意先別の損益計算書（P／L）を見ながら、どの領域にてこ入れすべきかの経営判断をしているでしょう。ところが、当時の

ファインネクスは部門ごとの個別最適を重視するあまり、上工程と下工程の横のつながりや、担当者と管理者、経営者といった縦のつながりが分断されていました。営業、在庫、製造といった部門のつながりもなく、製造においても各現場で個別最適が行われていました。部門独自のルールや仕組みが作られた結果、他部門の状況や正しい情報がわからないまま、ライン稼働率のような自部門の指標を満たすための仕事を続けていたのです。

「自部門のことだけを考えてルールや仕組みを作るというのは、一見便利です。しかし、上工程や下工程で何が起きているかを知らずに生産することは、急な計画変更に対応する柔軟性がなくなります。また、原価や収益性、在庫が今どれだけあるかわからずに購買活動や営業活動をしていては、会社が損をしても気づきません。このような〝バラバラ〟の情報しかなければ、その情報をもとに正しい経営判断をするのはとても難しいことです。複数の部門から報告を受けたとして、〝何が正しいのかわからない〟〝AさんとBさんで情報の日付が違う〟という状態でした」

改革をするにしても、どの部門から手をつけたらよいかわからないほど多岐にわたる課題があったため、ファインネクスでは抜本的に経営改革を行うことにしました。

## 社長だからこそできる全体最適化

松田社長の経営方針は、「会社全体を」「科学的に」「数字で語って」意思決定するというもの。

そのためには、部門ごとの個別最適を捨て、会社を全体最適化し、管理会計をもとに、全員が意思決定して働く仕組みが必要です。宮森氏は「道具を入れれば経営を改革できるだろう」という手段の議論に入らず、「会社全体がつながっている状態にする方法は何なのか」という発想で社外の情報収集を進めました。

「社外の経営者と情報交換したり、ベンダーから提案を受けたりする過程で決めたのが、ERPによる経営改革です。ERPといえば、難易度が高いとか、失敗しやすいという噂話をよく耳にしたのですが、それでも社長はERPを経営の打ち手として選びました」

その理由として、松田社長は5点を挙げたそうです。

1. 全体最適化を実現する仕組みになっている
2. 会社の組織や数字を見える化できる
3. 会計から生産までバリューチェーンが一気通貫である
4. 業務の教科書となるベストプラクティスと呼ばれる業務プロセス集があり、会社を再構築する「型」として使える
5. 経営課題である原価管理をはじめとする管理会計を定着できる

「色々なシステムの提案を複数の会社から受けましたが、すべてのバリューチェーンがつながっており、全体最適化できるのは、SAPのERPパッケージソフトしかありませんでした。複数のシステムを組み合わせても意味がなく、すべてのバリューチェーンがつながっていないということは、結局はもともとファイナンスがやってきた個別最適をつなげるようなものになってしまいます」

このように、社長が経営方針を決め、それを実現する方法としてER

Pを選んだ結果、この経営改革プロジェクトは社長、現場部門代表、情報システム部門が三位一体となって進めるという、通常のITプロジェクトとは異なる体制となりました。その背景には、図2の通り、システムの問題よりも、管理会計をはじめとする仕組みと可視化という経営課題があったためです。各部門を改善する個別最適であれば、IT部門や各部門長がプロジェクトを推進するでしょう。しかし、今回は経営課題を解決するためのプロジェクトだからこそ、社長がプロジェクトの責任者として推進していくわけです。ましてや各部門の利益を優先するのではなく、会社全体の利益を最大化させる全体最適化プロジェクトです。各部門の対立や抵抗を抑えられる唯一の人物、つまり社長が責任者として現場に介入するリーダーシップが必要なのです。

## 経営改革の難所は「変化を嫌う人間」自身

個別最適だった昔の時代は、その部門のメリットだけを考えてルールや仕組みが作られていました。全体最適とは、個別部門のメリットよりも会社全体のメリットを優先するという経営手法なので、ここを間違えてはいけません。「全体最適化すると、すべての部門が今よりよくなるだろう」という幻想を社員が抱きがちですが、特定の部門のことだけを優先する個別最適のほうが、現場で働く社員にとってはやりやすいわけです。むしろ、全体最適化すると目先のことが今より不便になることもあるため、「自分の部門だけは得をしよう」とか「今のやり方を変えたくない」という抵抗が起こります。

現場の社員の便利さも確かに重要なのですが、会社が存続し、成長することのほうが、より本質的で大事です。営業はよい提案をすること、生産はよいモノづくりをすることが仕事であり、彼ら・彼女らもそうした仕事をしたいはずです。ファインネクスの改革推進体制は、社長、現場部門の代表者として宮森氏、情報システム部門が三位一体となって経営改革を進めました。

また、これまでは各製造工程で部門長も仕組みもバラバラでしたが、これを機会に生産管理という横串で計画を立てる部門が立ち上がりました。宮森氏は「自分たちのやり方しか知らなければ、これまでのバラバラに仕事をするやり方を前提にして改革しようとしていたかもしれません」と、当時を回想します。

「人間は誰しも変化を嫌いますし、今のやり方に固執します。そこで私をはじめとするプロジェクト事務局は、全体朝礼での啓蒙活動をはじめ、現場の課題・進捗確認など、コミュニケーションを極めて丁寧に行いました。また、ERPに搭載されているベストプラクティス（業務の教科書）が世界標準だと考え、これまでの自分たちのやり方を是とせず、社員の考え方を変えるよう接したのが成功のポイントだと考えます。

もし、ERP導入を単なるITのプロジェクトだと考えてしまっていたら、経営改革を完遂することはできなかったでしょう。社員の働き方と考え方を変え、経営を変える高度で難易度の高いものだと認識していなければ、経営陣も現場も現状維持の罠に陥ってしまっていたかもしれません」

経営改革プロジェクト全般にいえることですが、経営陣と社員の意識改革を行い、行動変容までつなげなければ、本当の意味で成功したとはいいがたいでしょう。何かを変えるプロジェクトは、プロジェクトマネ

図2▶ 経営改革の背景

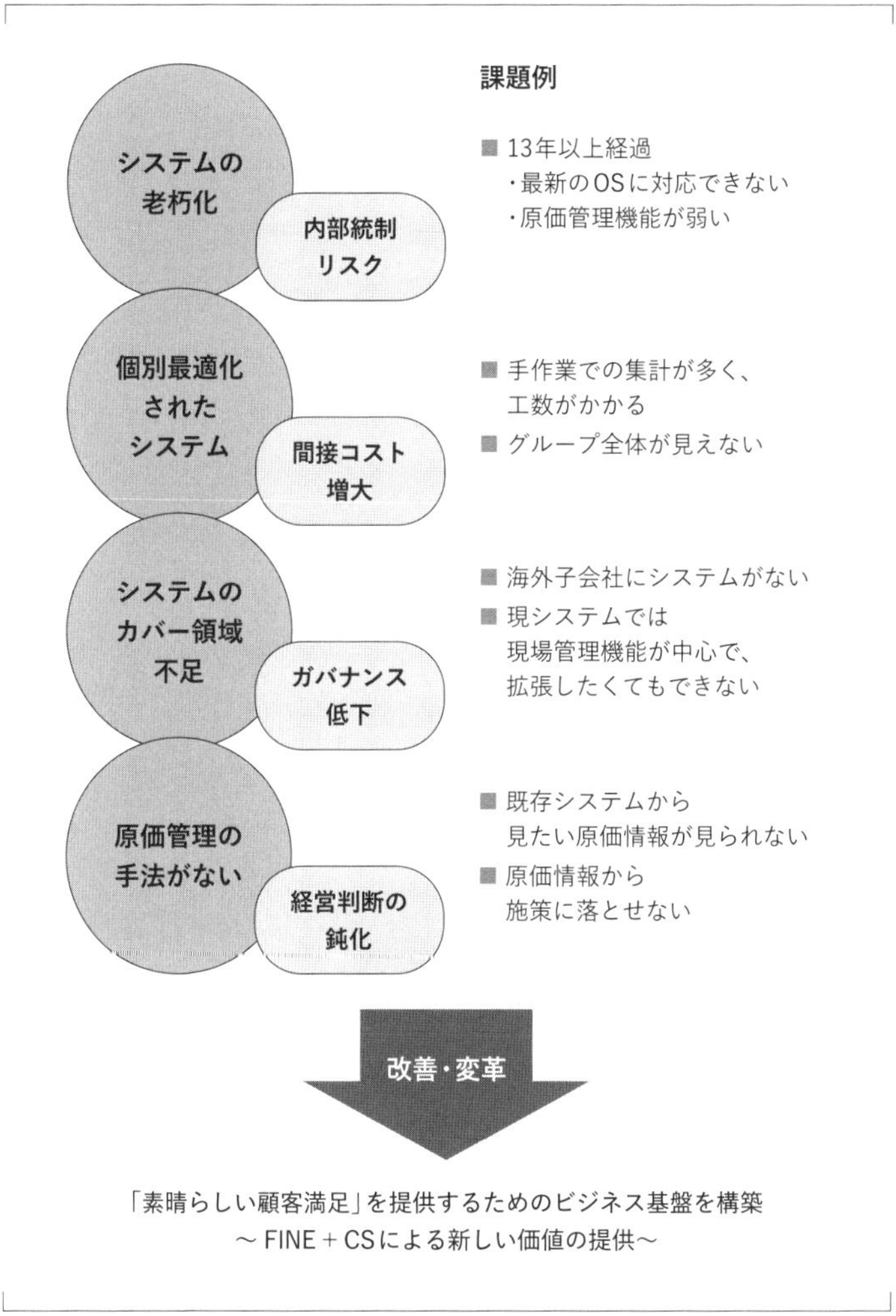
課題例
システムの
老朽化
内部統制
リスク
■ 13年以上経過
・最新のOSに対応できない
・原価管理機能が弱い
個別最適化
された
システム
間接コスト
増大
■ 手作業での集計が多く、
工数がかかる
■ グループ全体が見えない
システムの
カバー領域
不足
ガバナンス
低下
■ 海外子会社にシステムがない
■ 現システムでは
現場管理機能が中心で、
拡張したくてもできない
原価管理の
手法がない
経営判断の
鈍化
■ 既存システムから
見たい原価情報が見られない
■ 原価情報から
施策に落とせない
改善・変革
「素晴らしい顧客満足」を提供するためのビジネス基盤を構築
～ FINE + CSによる新しい価値の提供～

ジメントではなく、チェンジマネジメントとして、組織文化や働き方を変えることで、改革の真の威力が発揮されるのです。

経営方針や仕組みを変えても、人が行動を変えなければ、改革の効果は得られません。

## 全員が享受する「全体最適化」のメリット

宮森氏によると、「プロジェクト中は現場から抵抗を受けた経営改革でしたが、2018年のプロジェクト完了から5年ほど経ち、今は大きな効果を挙げている」とのこと。主力製品であるPGAピン市場消滅という経営課題に対して選択と集中を行い、PGAピン市場で世界トップシェアを築いていた時期と、同じ規模の年商を維持しています。

ファインネクスでは社長から現場社員まで、大きく分けて5点のメリットを享受しています。

1. 品目別P／Lの算出による赤字製品と問題の顕在化

2. 購買、販売、生産までバリューチェーンが一気通貫であるため、トレーサビリティーが担保された

3. 在庫確認や製造進捗確認のように価値を生まない確認作業や、督促の電話業務から解放され、ERPでの確認へシフト

4. 期末棚卸しによる2日間の工場停止がゼロへ

5. 経理部門は締め処理のようなオペレーションから、管理会計の予実管理のような戦略的な部門へ変革

「今から振り返れば笑い話ですが、〝ERPを導入したら在庫が増えた〟という声が現場から上がりました。実際には、仕掛品が各所にあるにもかかわらずシステムに反映されていなかったものが3割、各部門にあるのにシステムに反映されていなかった完成品が7割でした。ERPで正確に管理するようになった結果、〝見えなかった在庫がERPで見えるようになった〟だけだったのです。このような管理をすれば、会計上の簿価も厳格になり、仕掛品の数量を考慮したうえで、購買発注や製造ラインへの投入ができるようになり、バリューチェーン全体で働き方が変

わりました」

管理会計が浸透すれば、赤字製品の撤退や、注力製品へのシフトが可能になります。冒頭で説明した通り、主力製品の市場がなくなるという経営環境では、既存事業の収益性向上と、新規事業創出の両輪が不可欠。何をすれば利益が出るのかわからない状態では、事業の選択と集中ができないばかりか、どこに経営資源を投下すればよいかもわかりません。

「もしも経理部門の改革や、製造部門の改革を個別でやっていたら、社長が望んだ『バリューチェーンが一気通貫でつながる全体最適化』はできなかったでしょう。個別最適を組み合わせても、全体最適にはならないからです」

ベストプラクティスによる「業務標準化」というのはビッグワードですが、効果の大きいものです。ファインネクスでも「あの人しか知らない」「一人前に製造ラインで仕事するには3年かかる」といって、作業と社員が固定化していました。そのような状況が一変し、業務が標準化され、再現性が高まったため、ローテーションや繁忙期に生産ライン間での応援ができるようになりました。

お話を伺った宮森誠氏

特定の人しか作業できないことは、当事者は休暇が取りにくい、同じ業務しかやらせてもらえないなどという点で、従業員のモチベーションやワークライフバランスでも問題があります。

「当社はPGAピンのような単独の品種に依存するのではなく、車載品をはじめとする多種多様な事業に変わりました。近年では、自動車の車内機器がどんどん相互に接続して連動するようになり、車載用ケーブルのコネクター端子の事業が成長してきています。何を何個売ればどれだけ利益が出て、どの製品の需要が増えているのか、推移を把握しているからこそ、戦略的な意思決定ができるのだと考えます」

## これから経営改革に挑む企業へ

企業はえてして、現状維持してしまったり、現場の声に引っ張られたりして、経営改革を完遂できないことが多いものです。しかし、古い仕事のやり方のままで本当によいのか、変革スピードはそれでよいのかを考える必要があるでしょう。

会社全体を見渡し、存続させるために、「最大の打ち手」を講じることができるのは社長しかいません。すべてのＫＰＩとＫＧＩが集まる社長だからこそ、全体最適化が実現できるのです。

ＫＰＩとＫＧＩを分解するとわかりやすくなりますが、一番大きな打ち手を見失ってしまう可能性があります。全社変革は社長がビジョンを描き、改革をリードするトップダウンの取り組みである必要があります。宮森氏も「企業を変えるに際して、経営課題に対して最も効果的な打ち手を社長に考えてほしい」と強調します。

製造業であれば、現場が関心を向けるのは、コスト削減、固定費と変動費の分解、稼働率向上、何を何個売ればどれだけ儲かるのかといったことでしょう。とはいえ、コスト削減といっても何を削減するのがよいのか、固定費と変動費はどうやって分解するのか、品目別Ｐ／Ｌはどうやって把握するのか、実際には意思決定の材料であるデータを集めるのが極めて難しいものです。

経営陣が選択と集中をするにしても、強化や撤退のための判断材料が必要で、勘や経験では再現性がありません。

何に注力すればよいのかを理解するには、情報を細かいメッシュで取得するための手段、道具が重要になります。

「当社は経営を変える際、直接原価計算（ダイレクトコスティング）[*1]を導入し、戦略的会計を推進するために、ＥＲＰという手段を選びました。

課題を解決するには、在庫を減らす、工数を減らす、効率化など、色々なことが目的になり得るでしょう。しかし、これらの目的も、企業の持続的な存続という大きな目標の前には手段でしかないという考え方もあります。

企業全体を見て、最善の経営の〝型〟を作ることが、実は最も重要な手段なのではないでしょうか。会社がよくなれば、すべての部門が幸せになるわけですから」

文責：宮本裕司

＊1…生産量や販売量の原価を、固定費と変動費に分解して管理する会計手法。費用配賦や採算制分析で活用されることが多い。

## 図3▶ FINECS's new vision in 10 years and beyond

ファインネクスの10年後のビジョンを示す図。従業員や社会がどうなるかを描いたものですが、実は吹き出しのひとつに、SAPというキーワードが隠されています。

## 地産地消ビジネス企業が成し遂げた世界共通のマネジメント

### Case summary 02

TOA

企業名……… TOA株式会社

所在地……… 兵庫県神戸市

年商………… 488億円（連結、2024年3月期）

従業員数…… 3,025名（連結、2024年3月現在）

**事業内容**

1934年に神戸で創業し、火災時の避難放送や館内放送など業務用音響機器、防犯カメラなどセキュリティー機器の専門メーカー。現在は世界に製造、販売拠点を持ち、120カ国以上に商品を供給している。

**話し手**

濱田健太郎氏（経営管理本部情報システム部長）

海外現地法人への経営委任と、グローバル経営改革。この二つを両立するのは極めて難しいことですが、ＴＯＡでは「海外での地産地消」という形で成功させています。音響機器やセキュリティー機器のメーカーである同社が、なぜ地産地消ビジネスに取り組むようになったのでしょうか。

ＴＯＡは１９５４年に世界初の電気メガホンを、１９６９年には非常用放送設備を生み出し、中堅企業ではありながら、さまざまな「世界初」「日本初」を生み出してきました。経営管理本部情報システム部長の濱田健太郎氏によると、「近年では東日本大震災のような痛ましい災害から屋外での避難放送が見直されており、遠くでもはっきりと聞こえ、スピーカーの近くでもうるさくない当社の次世代型防災スピーカーが注目され、多くの自治体様から採用いただいています」とのことです。

一方で、ＴＯＡは製品力を活かしてグローバル展開を積極的に行っており、今ではロンドンにあるテニスの聖地ウィンブルドン・テニスコートや、マレーシアのブルーモスクでも同社製品が使われています。

「ところが、イギリスで必要とされる音響機器と、マレーシアで必要とされる音響機器で、求められる性質は同じではないのです」と、濱田氏は語ります。

「実は国や地域によっては、音響機器に求められる仕様に違いがあるのです。『クリアーな音声で放送してほしい』という国もあれば、『荘厳な音で聞こえるようにしてほしい』という国もあり、ある国で求められる仕様が、ある国では求められない仕様になるということです。となると、世界で共通の製品だけを作っていると、ある国ではスペック不足になり、ある国ではオーバースペックになるということが起こります。当社は世界市場を五つに分けているのですが、それぞれの地域に合った製品を作るため、地域密着の地産地消ビジネスを行うことを経営方針として定めました」

## 本社と現地の「温度差」をどうするか

するとここで、このグローバル展開に大きな問題が立ちはだかります。地産地消ビジネスであるがゆえに、海外現地法人が個社個別の仕組みを

**図4▶ さまざまな場面で活躍するTOAの商品**

ウィンブルドン・テニスコート

スルタン・サラフディン・アブドゥル・アジズ・シャー・モスク
（ブルーモスク）

出典：Wikimedia Commons

作った結果、ＴＯＡ本社の経営判断に必要な情報が集まらなくなったのです。これは、海外現地法人を設立している日本企業の多くが抱える問題ではないでしょうか。

「海外現地法人の損益は月次締めの後でないとわかりませんし、品目別の損益計算書（Ｐ／Ｌ）や、品目別実需もわからないため、戦略的にどこに経営資源を投入すればよいか判断できなかったのです。忘れた頃に報告書が届くようなスピード感では失敗の再発防止策を講じることができませんし、どの地域でどんな製品が売れ、どのくらい利益が出ているのかがわからないと、注力すべき製品や販路が見いだせないまま経営することになります」

そこで、地域専用製品を開発・製造するという地産地消ビジネスと、ＴＯＡグループ共通の経営管理指標を導入するという、縦軸（地域）と横串（マネジメント）の両立を目指すことに挑戦しました。

どのような打ち手を講じればよいか、中期経営基本計画をもとに検討した結果、ＴＯＡグループ全体の事業モデルとなるグローバルマネジメントシステム（以下、ＧＭＳ）を構築することになりました。

図5の通り、地産地消ビジネスを推進している海外現地法人には、普遍的に共通しているバリューチェーンもあります。地域のニーズに合わせて固有の製品開発をしている良さはそのままに、マネジメント手法を共通化してグループの総合力を高めるという狙いで、GMSのプロジェクトは始まりました。

「グローバルマネジメントシステム」という名前ですので、『なんだテクノロジーの話か』という誤解を与えてしまうかもしれませんが、図6の通り、もっと別の側面のほうが大きいのです。当社は、システムとは戦略や業務を支える基盤と位置づけ、経営戦略とテクノロジーを車の両輪だと考えました。

GMSにどのように取り組んだかというと、基盤であるシステムのツール選びではなく、自社の成長阻害要因や経営課題、またどのような経営をしたいのかという戦略の議論から入りました。次に、各事業部門の業務や制度といったオペレーションの部分に、戦略を落とし込んできました。つまり、システム導入ありきで経営戦略に結びつけたのではなく、経営戦略からシステムに求められる要件や貢献できることを考えるというアプローチをとったのです」

## 海外に任せながらも「共通化」を実現

グローバルでの共通化といっても、簡単なことではないでしょう。法人ごとに決算期は異なるうえ、どの仕入先から何をいくらで仕入れているのか、今この瞬間、どこに何の在庫がどれだけあるのか、個社間の取引が本社から見えにくいからです。

研究開発やロジスティクスをグローバルで統一できれば利益に貢献できるという「コスト面の効果」だけでなく、財務会計や管理会計処理が迅速化できれば、経営陣やマネージャーが、原因を追究して打ち手を講じるスピードが速くなるという「意思決定の効果」もあります。仕組みが共通化されていれば、監査で要求される発生源伝票までさかのぼって問題を特定できるため、内部統制面でも効果が期待できます。

ＴＯＡでは各現地法人がその地域向けにビジネスをするという「地産地消」本来の良さを活かしつつ、経営にかかわる仕組みや指標を共通化。

図5▶ TOAのグローバル事業モデルの概要

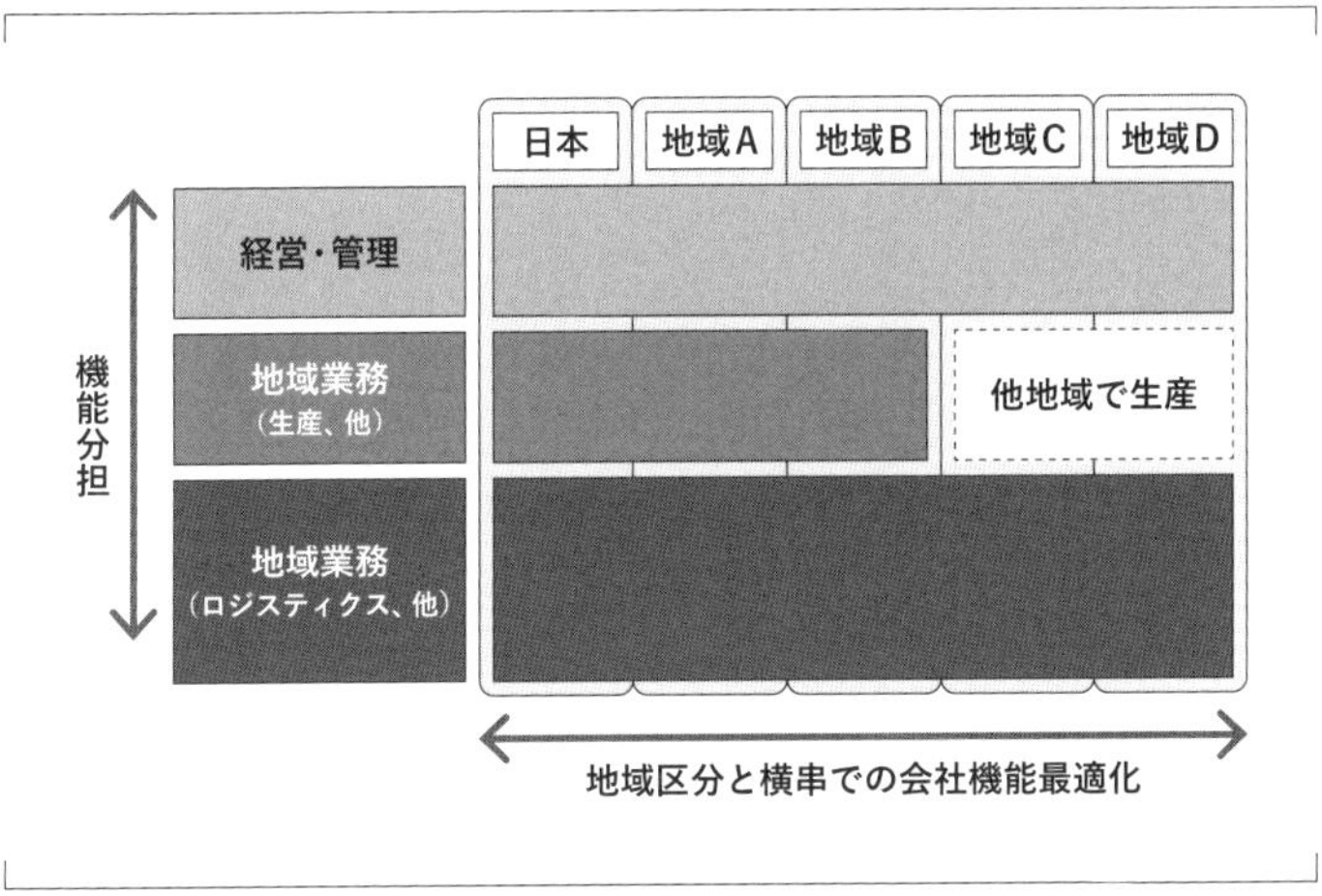


図6▶ GMS取り組みの目的

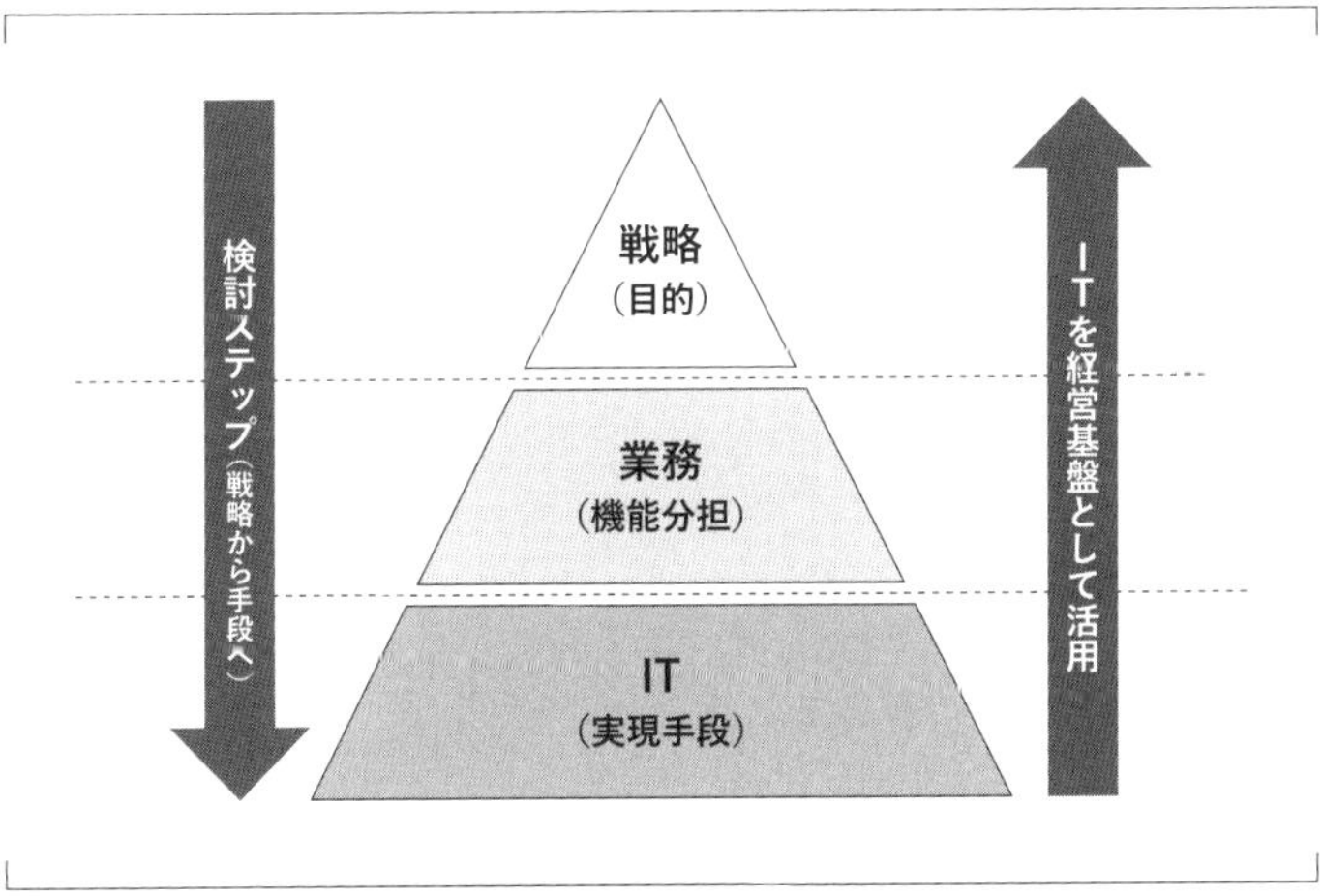

グループとしての総力を発揮できる経営に変革しようという試みが始まりました。

この類いの戦略で難しいところは、いいとこ取りをしようとして、結果的にどっちつかずの折衷案になってしまうことが多い点です。

「幸いなことにＴＯＡでは、社長や当時の経営陣全員が経営改革を行うということで意見が一致しました。社長の決断力に私たちは助けられ、情報システム部門が事務局となり、業務部門からもキーパーソンが参加してくれました。もしも形だけ社長が関与し、現場から社長に報告するだけの〝社長プロジェクト〟であれば、経営改革は遂行できなかったでしょう。情報システム部門だけでは改革する推進力がなく、各部門を調整することに労力を費やすプロジェクトであれば、経営改革する前に時間を費やし、ステークホルダーを納得させられなかったと思います。社長と経営陣の判断、海外現地法人への改革意図の発信など、プロジェクトを成功させるための体制が、日本側には整っていました」

しかし、「地産地消ビジネス」という一種の独立性を海外現地法人に与えていたため、グローバル共通化はある意味、相反する経営方針とな

お話を伺った濱田健太郎氏

ります。濱田氏によると、海外現地法人からは反対意見や抵抗があったそうで、「私が海外現地法人に出向き、根気よく丁寧にコミュニケーションを続けることになりました」と言います。

「ただ単に業務を変えることや、共通化することを海外現地法人に押しつけても、現地の人たちは納得しません。そうではなく、共通化するメリットや、TOA全体の将来のためになぜこの改革が必要なのかをじっくり説明しました。後ろ盾として、日本の社長と経営陣が海外現地法人にメッセージを送ってくれていたのも大きな成功要因です。プロジェクトを成功させるには、ただ単に戦略を決めたり、箱を用意したりするだけでは不十分で、正しい推進体制を準備することと、現地や現場とのコミュニケーションが重要だということを、私に教えてくれた出来事でした」

会社全体を見渡し、戦略をどう落とし込むのかを考えながら現地をまわっていくのは、ビジネスパーソンとして成長の機会になったと濱田氏は感じているそうで、「このようなプロジェクトを立ち上げ、推進してくれた経営陣に感謝しています」とも話しています。

## ERPを選んだ四つの理由

会社が目指す方向性と戦略が決まれば、次はどうやって実現するかという手段と方法の話になります。

情報システム部門としてやるべきことは、経営戦略に則したロードマップとあるべき情報インフラを考え、GMSを実現する手段を提供すること。

経営戦略として、グローバルレベルで集約させる機能と、地域で分散させる機能を決めるわけですので、業務ごとの管理指標や役割はそれにひもづいて自ずと方針が決まっていきます。

TOA日本法人は、SAPのERP（Enterprise Resource Planning）システムを1999年に導入しています。情報システム部門は、グローバル経営管理の手段として、海外現地法人にもERPシステムを導入することにしました。この際、どのバリューチェーンに、どのERPシステムを導入するか検討しました。結果として、可能な限り広範囲のバリューチェーンをカバーできるSAPのERPシステムを導入することを決めました。

改革方法として、他でもなくERPを選んだ理由は4点あります。

1. 属人化の排除
2. 情報を一元化し、地域やグループを超えた管理会計の導入
3. グローバル共通のマネジメントレベルの実現
4. 人、場所、時間を問わず、マネジメントの質を保つ

加えて、グローバル共通のテンプレート、いわば業務の雛形を作りました。こうしておけば、世界で共通のマネジメントが実現でき、各国の固有の要件も最小限に抑えられます。

「このテンプレート作成と導入にあたり、SAPのコンサルタントを起用しました。安いベンダーさんにお願いしたほうがよいのではないかと意外に思われるかもしれませんが、私たちは長期的なメリットを考えたのです。SAPは自社のERPパッケージソフトを熟知し、余分な開発を最小限に抑えてくれるでしょうし、追加開発がないということは、将

図7▶ SAP ERPを選んだ理由

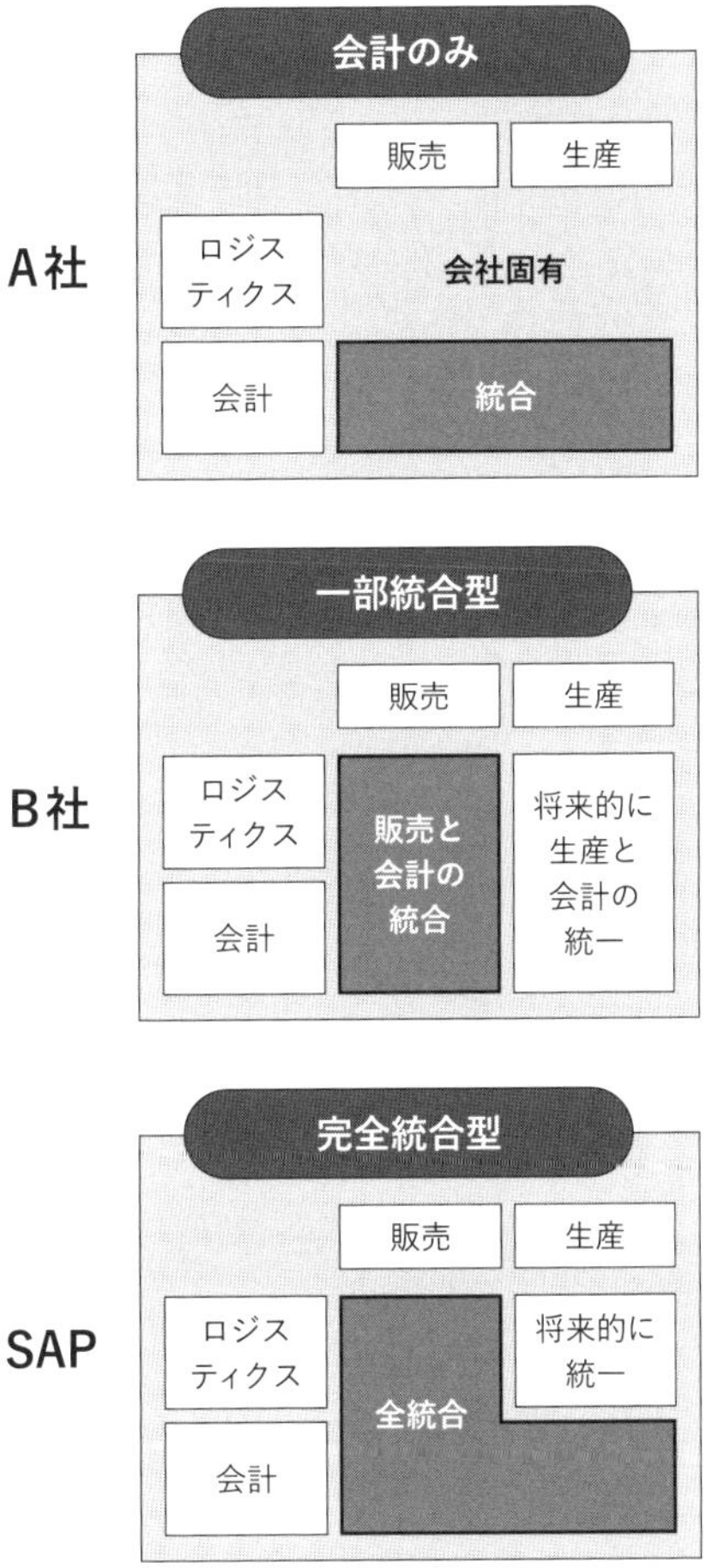

来的には維持運用費用は安くなります」

また、すでにお伝えしたように、TOAでは国内のシステムにSAPのERPを導入済みでした。

「他のシステムを導入し、新たにスキルを習得するのは効率的ではありません。ERPを統一することで、情報システム部門のスキルを一元化できましたし、海外のERPの維持運用スキルについても、SAPからスキルトランスファーを受けることができました。現在5名の担当者でグローバルのERPシステムを日本から保守運用できているのは、このように国を超えて仕組みを統一し、個別の開発を抑えたためです。

初期の導入費用が高いか安いかという議論は確かに大事です。しかしERPが経営戦略を支える道具である以上、費用だけでなく、長期にわたって自社のやりたいことを実現できるかどうかを考えることのほうが、はるかに大事なことです」

## 経営手法が変わると、人も変わる

ＴＯＡではＥＲＰ導入前の海外現地法人は属人化しており、経営管理指標がバラバラだったり、時間が経過すると管理の質が落ちてしまったりという課題がありました。また、地域や販路別など、多角的な採算性分析ができておらず、数字をもとにした傾向を事実としてとらえることができないという問題もあったのです。

「属人化」という表現は抽象的で、どのような経営課題なのかがわかりにくいかもしれません。人に依存した業務になってしまっていれば、その人はローテーションできませんし、その人がいなくなったら後任者に同じ仕事ができるかどうかわかりません。人海戦術でこなせる経営環境であればよかったのかもしれませんが、これからの時代は属人化した働き方で業務がブラックボックス化したり、社員が固定化したりするのは経営課題になります。また、日本では働き手が減っていくでしょう。

違う切り口で属人化を見てみると、場所が変わると管理の質が変わってしまう、時間が経つと人が入れ替わり管理の質が落ちてしまう、規模が拡大するとその人では処理できなくなってしまう、グループ企業同士なのに在庫や管理指標の定義が違ってしまうといったように、属人化はやはり業務や経営に影響のある課題であり、リスクなのです。

「こうした属人化を排除する手段が、私たちの場合はＥＲＰでした。ＥＲＰにバックオフィス系バリューチェーンの情報がすべて入っているわけですから、誰がどのような業務をするのがルールで、今どこまで処理が進んでおり、在庫や仕掛品はどこに何個、どんな状態であるのかがわかります。このような共通言語ができることで、グローバル全員が同じ情報を見て行動できるようになりました」

それまでは、営業部員が在庫を見るには電話やウェブ会議が必要でしたが、ＥＲＰを直接操作することで、「会社の今」が見えるようになりました。月次決算が早くなったため、品目別Ｐ／Ｌまで分解した数字をもとに、前月の振り返りと対策を迅速に打てるようになったそうです。

「管理指標が共通化されたため、どのような種類の製品が、誰に買われているかという実需がわかるようになりました。自社が注力すべき品目や販路がわかれば、そこに経営資源を投入すればよいわけです。どのような仕組みであっても使うのが人間である以上、人が変わり、人が経営戦略実現のために動き出すことが本当に大切だと考えます。グローバルでTOA社員が『使える情報』を見ることで行動が変わり、マネジメントレベルを上げることができ、GMSは成功しました」

## 経営を全体最適化し、データを活用

濱田氏は「ERP導入プロジェクトで、すべての部門が大きく変わった」と総括します。

「ERPが導入されてからは、業務部門が直接ERPシステムを参照するため、営業部門は在庫の納期や引当可否、購買部門はどのサプライヤーからどれくらい仕入れる傾向にあるのか、自分の見たい数字を直接見ることができます。そのため業務部門も見たい数字をもとに、次は何が起こるのか、何をすればよいのか、よりよい案はないのかと、仮説検証するようになりました。大がかりなデータ分析ツールの導入やデータサイエンティストを育てる前に、社員全員が同じ数字を見て、その数字の統計や傾向をもとに、自律的に働けるようになったのは、大きな変化だと考えます。ERPのおかげで財務会計と管理会計の統合、会計とサプライチェーンマネジメントの統合を実現し、経営の情報を一元化できました。それにとどまらず、私たち社員の働き方も変えてくれました。ERPを、ただ単にITのソフトウェアだと考えて使ってしまったら、データを格納するための仕組みでしかありません。誰もが同じ情報を参照して、『会社の今』を見ながら議論したり判断したりする組織文化へと変革するための道具として使うことが大事でしょう」

最後に、濱田氏が所属する情報システム部の変革についてお話しいただきました。

「TOAのすべての部門が変革しましたが、その中でも一番変わったのは、実は情報システム部門だと私は考えています。昔の情報システム部門は、システム維持や運用という守りの業務に加え、業務部門から依頼されてシステムからデータを抽出し、そのデータを渡すだけの業務が多くありました。情報システム部門としては、抽出するデータが、いったい誰の、どんな役に立っているのかわからずにルーチンワークとして行っていましたが、それでは情報システム部門のスタッフが育ちませんし、業務部門も依頼する行為そのものに付加価値がありません。

ERPが導入されてからは、業務部門が自らデータを参照して、仮説検証するようになり、情報システム部門は、さらにその利活用を進めるための戦略や企画を主軸とする部門に変革しました」

日本企業の情報システム部門は、利益を生み出さずにコストのかかる部門（コストセンター）として位置づけられがちです。また、流行のテクノロジーを情報収集する役割から、〝縁の下の力持ち〟のようにみなされることも多いものです。

しかしERPという会社を変える武器を持てば、情報システム部門が、それを使って会社をどうよくするかを考える戦略的部門になるのです。

「今や会社内のコミュニケーションや、事業の多角化に至るまで、ありとあらゆる仕事がテクノロジーに支えられています。テクノロジーにかかわる部門は、新しいことに挑戦し、自分たちが変えていくという気持ちで、経営陣や経営戦略に向き合ってほしいと願います」

文責：宮本裕司

# 継続的な改革。ERP導入から5年の軌跡と挑戦

Case summary 03

NTT AT

企業名……NTTアドバンステクノロジ株式会社
所在地……東京都新宿区
年商…………724億円（2024年3月期）
従業員数…2,113名（2024年3月31日現在）

事業内容

NTTの研究所の技術成果をもとにした製品開発販売とシステムインテグレーションを組み合わせたソリューション事業。今回紹介する事例は、2019年に6カ月間という短期プロジェクトで導入したパブリッククラウドERPソリューションのSAP S/4HANA Cloudに関するもの。

話し手

伊東 匡氏（代表取締役社長）
都筑 純氏（経営戦略室経営企画部門担当部長）

2024年5月7日、SAPジャパンの本社で行われたイベントに、関連企業、SAPソリューションのインテグレーターやリセーラーなど、SAPパートナー企業のリーダーが60名も集まりました。

満席の会場でお話ししていただいたのは、NTTアドバンステクノロジ（以下、NTT－AT）経営戦略室経営企画部門担当部長の都筑純氏。テーマは〝SAP S/4HANA Cloud〟導入による改革とその後の運用の事例共有です。

NTT－ATは2019年、他社に先駆けて、まだ一般的ではなかったクラウドERPを導入することで、事業改革を実現しました。ERP導入に合わせ業務を変えるFit-to-Standardの成功例はまだまだ当たり前ではありません。成功の秘訣は、ERPの専門家のSAPパートナーですら知りたいところなのでしょう。聞く側の熱量に講演にも力が入り、予定をはるかに超えるセッションとなりました。

SAPが本格的にすべてのソリューションをクラウドで提供していくという方針を出してから2年が経ちました。今や、SAPのパートナーだけでなくユーザー企業からもクラウドERPによるビジネス変革について、熱心な議論が聞かれるようになりました。NTT－ATの取り組みからその様子を見ていきましょう。

## クラウドERPで業務を代替できるか

ERPソリューションは、企業経営者が自社の事業の状況を判断するツールです。人を雇用し、部材を調達し、製品やサービスを作り、販売・提供して、請求・収納するという営みは、複数の組織が関係します。全部の組織が同じ方向を見て活動できたらいいのですが、効率化していくにしたがって、隣り合う組織は往々にして逆向きに動きます。例えば、製造部門はコストを下げるために在庫の数を減らそうとしますが、営業部門は顧客からの即納の要望に応えようと、在庫を増やせと要求します。

日本企業は、現場の対立を仲裁や会議で解決しようとしがちですが、それが社内政治や非効率なプロセスを生み、生産性を下げる原因になっていないでしょうか？

経営者が複雑な企業活動を監督し、成長という大きな目標に向かっているかを評価するには、明確な指標と公平なデータが必要です。ヒト・モノ・カネ、あるいは受注状況、在庫、稼働率などが現在どのような状態なのか、このまま行ったら将来どういう結果になるのか。それらを示すのがＥＲＰです。

ＥＲＰの導入は、業務の見直しをするには良いタイミングです。これまで多くの企業がＢＰＲ（Business Process Reengineering）の一環として、ＥＲＰ導入を進めてきました。すべての業務部門のヒアリングとそれに基づく必要なシステム開発を経て、業務がＩＴでつながる世界を作ることが必要とされていたのです。

しかし、ＥＲＰ導入後に現場がそれぞれ効率化を進めてゆくと、組織間のプロセスがバラバラになってしまいます。

クラウドＥＲＰ、特に一つのシステムを複数の企業で利用するパブリッククラウドのＥＲＰは、シンプルな導入をします。「クラウドＥＲＰの機能の説明に基づいて、今の業務が実現できるか」という発想ではなく、「クラウドＥＲＰで今の業務を代替できるかどうか」を、IT部門ではなく事業部門のユーザーが判断します。100%の確証はなくとも「同業他社で実現できているのであれば何とかなるだろう」くらいの納得感で、ソリューション導入と同時に業務を変えてもらいます。強引に進めなければならないところもあるでしょうし、これまでのやり方と異なるので戸惑う現場も多いでしょうが、考え方・進め方はシンプルです。

もちろん個別の会社ごとに勘定科目や組織コード、品番などは違いますから、必要なオプション設定やデータ移行などのITのプロジェクトもありますが、従来のように個別の業務ごとに異なるプログラムを開発したりはしません。

ソリューション導入後も、利用部門を増やして、社内の業務全体がクラウドERPに乗っかるように業務を作り直します。この進め方を、ソリューション機能から業務の標準を策定して合わせて導入するので、Fit-to-Standard（以下、F2S）と言います。都筑氏は、スピード感をもって業務改革を実現するF2Sの利点を訴えました。

ＳＡＰはパブリッククラウドのSAP S/4HANA Cloudを２０１７年に発表し、日本でも提供を始めました。当時はオンプレミスのソリューションに、個別の機能を追加開発することが一般的で、ＳａａＳ（Software as a Service）方式のＥＲＰソフトウェアを、現実的なものと考える人は多くなかったかもしれません。しかし、最近は社会の認知も得て、十分なビジネス効果があるものと認識されているようです。導入するユーザー企業数も倍々に増えてきており、多くの企業が事業変革を進めています。

では、その先駆者として発表当初のパブリッククラウドＥＲＰを導入して事業変革を行った会社は、今どのように考えているのでしょうか？　ＮＴＴ－ＡＴのインタビューに基づいてご説明いたします。

## 「日本初導入」を先駆者として決めたワケ

ＮＴＴ－ＡＴが２０１９年に行った改革とその後の経営について、代表取締役社長の伊東匡氏、そして、セミナーでもご講演された都筑純氏にお話を伺いました。

NTT－ATは、NTTの研究所の成果をさまざまな課題のソリューションとして提供する企業です。通信ネットワークや無線だけでなく、情報処理やセキュリティー、光デバイス、AIなどさまざまな研究成果を事業化しています。RPAのようなソフトウェアソリューションから、光ファイバーの治具、半導体のエッチングの際に必要となる溶剤まで、幅広い製品と、それらを提供するためのインテグレーションサービスやクラウドサービスなどを、日本だけでなく世界の企業向けに提供しています。

製品・サービスの種類が多い分、社内の業務プロセスは複雑になります。受注に対して在庫引き当てと生産要求する製造業プロセス、顧客の要望に合わせてプロジェクトを組むシステムインテグレーター業プロセスなど、さまざまな業務がありました。

2019年以前、これを支えていたのは、オンプレミスの第3世代ERPであるSAP ERP 6・0でした。多様なプロセスをカバーするために、長年の間に、800本ものプログラムが追加開発されていたといいます。これらの追加開発を含む基幹システムの運用費用はかさむも

お話を伺った伊東氏（右）と都筑氏

のの、かといって事業状況に合わせて常に変化する業務をスムーズに行うには足りないものばかりだったようです。

そんな折、ＳＡＰもＥＲＰ ６・０の後継となる第4世代ＥＲＰとしてSAP S/4HANAを発表して数年経っており、この新しいソリューションへの転換を促していました。

そこで当時の木村丈治社長は、ＥＲＰのバージョンアップを考え、大きなチャレンジとしてクラウドソリューションを選択したのです。

当時は予測のつかないことばかりで、ご苦労も多かったようですが、強固なマネジメント、統制の取れたプロジェクト運用、現場の巻き込みなどによって、わずか6カ月で導入は無事完了しました。ＥＲＰ導入としては前例のない素早いプロジェクトでした。

導入の段階では、ＩＴ側と業務側とのやり取りが頻発します。ＩＴ側はソリューションの機能を理解して業務側に説明し、業務側はその機能で本来やるべきことが実現できるか検討。決めなければいけないことが多すぎて、プロジェクト中は毎日が決断の日々でした。業務変革を余儀なくされた社員の理解を完全に得るのは難しく、まさに全社巻き込んでの調整に苦労は絶えなかったようです。

しかし結果的には、現場業務側の改革は上首尾に進みました。ＩＴ側の熱心な説得により、社内の各所の部門の皆さんの賛同を得ることができたのです。そして、業務をシンプルにすることで、これまでに多々あった「関連部門との調整」のような、必須とはいえない業務が大幅に減少。社内の個々の事業部における業務の進め方が、より本質的なものにシフトしていきました。現場から「これまでやってきた業務のうち、やらなくてもよかったものを発見できた」というご意見も聞かれるくらいに、最後は全社の納得が得られたようです。それも、アジャイル的な進め方を社内に浸透できたことが成功の要因だったと、都筑氏は振り返ります。導入の様子については、YouTubeにインタビューがありますので、ぜひご参照ください[※1]。

業務改革の面では成功を収めましたが、当初の課題でもあったシステム面でも成果がありました。課題視されていたＥＲＰと周辺システムについての800本の追加プログラムを完全に削除しました。しかし、商談や案件を管理するSFAや在庫管理など、さまざまな外部システムとの連携が途切れてしまっては、経営管理ができません。そこで、NTT－ATは一連のシステム移行から外部のシステムとの連携まで、自社のRPA製品であるWinActorを活用し、リアルタイムでデータ連携できるアーキテクチャーを構成しました（図8参照）。これまでの追加プログラムのように密連携しているわけではないので、クラウドERPのバージョンアップに際しても、必要最低限の対応で済みます。このように、システムとしても、シンプルで運用コストの低い環境を実現しつつ、全社の経営データの一元化を実現しています。すべての経営データがリアルタイムでERPに集まるようになって、事業判断の際のデータの取得は格段に容易になりました。

NTT－ATは、導入プロジェクトにおいても、WinActorを活用し、繰り返し作業を自動化することで、システム移行作業を迅速に完了しました。その後、WinActorはSAP S/4HANA Cloudに互換性のある機能としてバージョンアップされ、リアルタイムでデータをやり取りできる

## 図8▶ NTT-ATのSAP S/4HANA Cloud導入プロジェクト

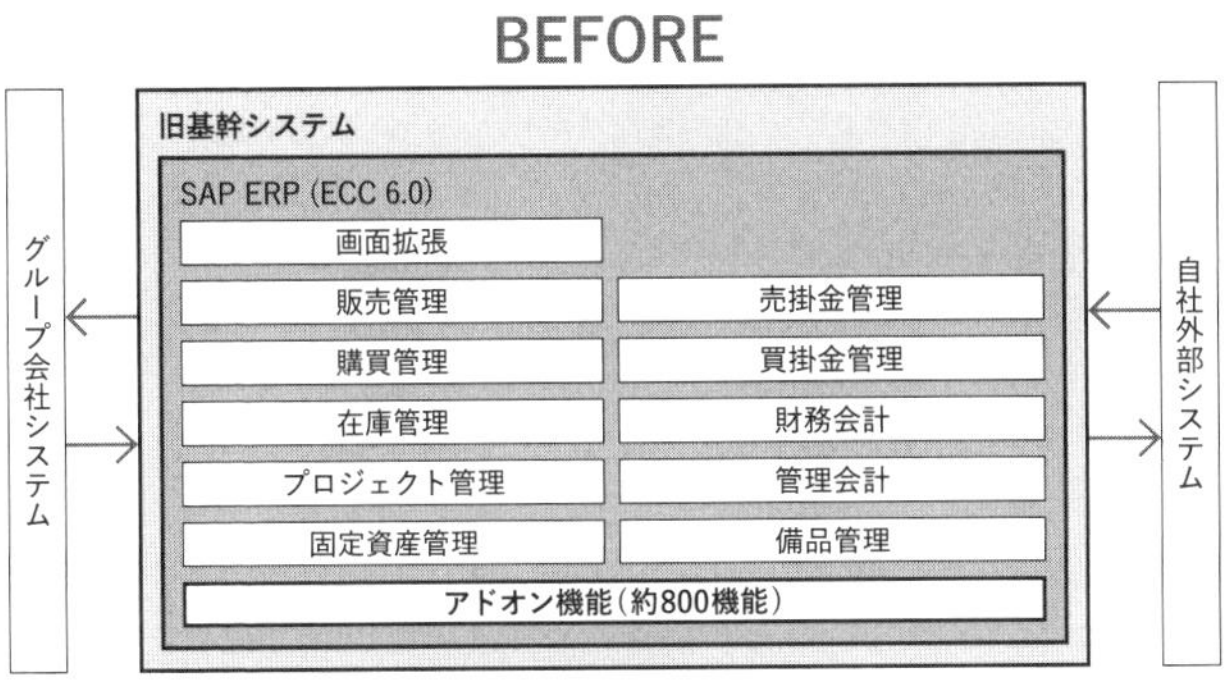


●独自業務プロセスに合わせ約800もの機能をアドオン
●手作業・表計算ソフトなど多数の非効率業務

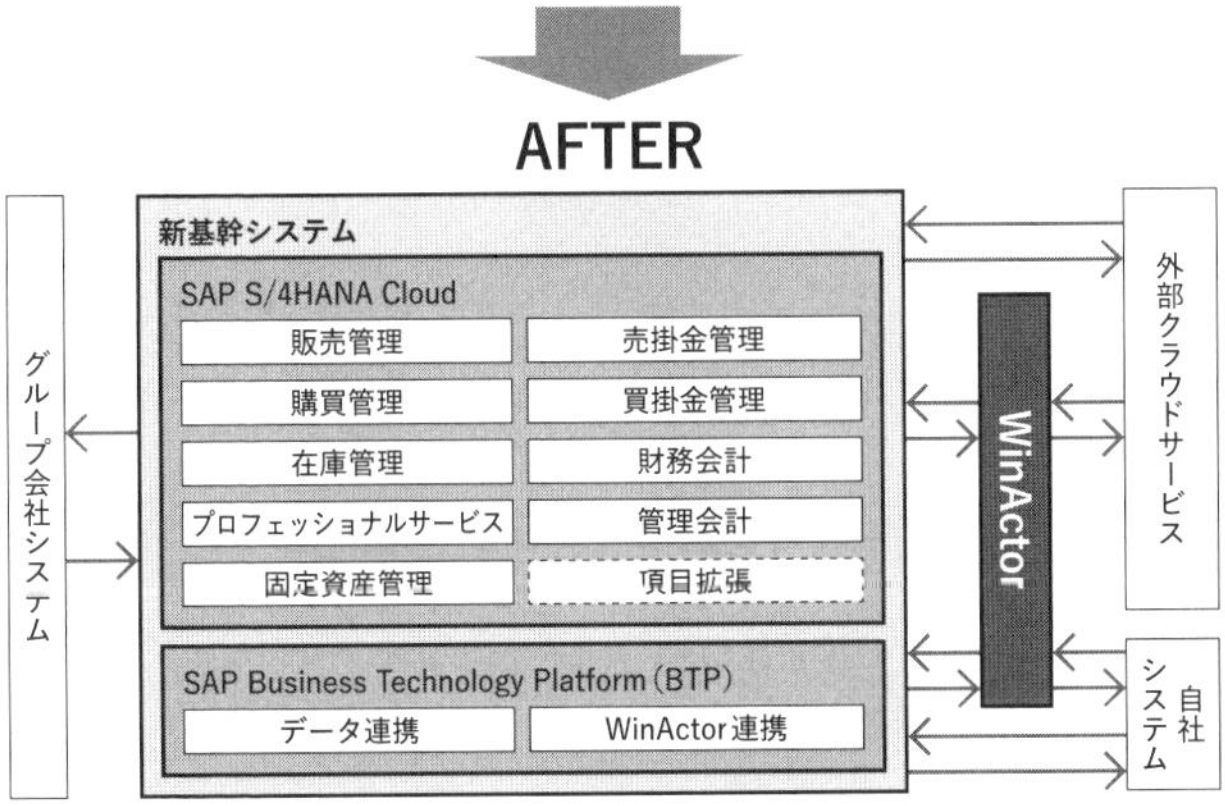


●SAP S/4HANA Cloud の業務プロセスにFit-to-Standard
●データ連携・帳票・マスタデータ管理・物品管理はWinActor（RPA）を活用
●さまざまな外部クラウド（SaaS）サービスと連携して「所有から利用へ」の実現
●800もあったアドオンはゼロに
● WinActor（RPA）の活用で、継続的に業務効率化・カイゼンの推進

ようになりました。国内シェア№１の実績に加えＳＡＰマーケットでも成長しています。

クラウドＥＲＰの大きなメリットの一つは、ソリューションのバージョンアップによる機能の追加です。バージョンアップによってＩＴシステム全体の価値が随時上がっていきます。これは、特に制度改定などの際に効果を発揮します。これまでのオンプレミスのパッケージソリューションであれば、会計制度などが変更になるたびに、要件定義・プログラム開発・移行・テストといった作業が必要になりますが、クラウドＥＲＰでは、システムのバージョンアップを受け入れるだけで対応ができます。

実際ＮＴＴ－ＡＴでは、２０１９年のＥＲＰ導入後に、収益認識基準やインボイス制度などの制度改正に対応する必要がありました。従来、例えば、消費税率変更などの対応では業務側とＩＴ側の合意を作るのにも苦労した経験もあるそうですが、今回はほとんど特別な手間をかけず制度変更への対応を進めることができました。財務会計部門においては、これからの法制度の対応なども同様に進められる自信が付いたとのことです。

## 事業変革で会社の何が変わったか

5年経ってみて改めてパブリッククラウドERPがどのように経営に役立っているか、役立てようとお考えか、現在の代表取締役社長の伊東匡氏に伺いました。

伊東氏は、以前はNTT本体の研究開発本部のリーダーでした。通信ネットワーク分野の研究領域において、限られた予算に対して研究成果を最大化するというミッションをお持ちでした。2017年にNTT－ATに赴任され、事業本部長に就いた当初、売上・利益を事業計画に合わせて進捗させることについて、大変苦労されたそうです。

前段で述べたように、複数の事業本部でさまざまな製品・サービスを提供しているため、当時は事業ごとの売上やコストの基準がそろわず、マニュアルで上がってくる報告を個別にチェックする必要がありました。

いわゆるバックミラー経営で売上も利益も着地が見えず、決算が出てから、次の計画を考えるしかなかったそうです。ＩＴ業界という成長産業に身を置く同社ですから、以前のような経営管理であっても、数％の成長が望めました。しかし、それが３％なのか５％なのか、また、８％にするためにはどんな手を打つべきなのか、元となる経営状態の確実なところがわからないわけです。

伊東氏が社長に昇格して、監督する事業がさらに増えたのですが、その際にＥＲＰ導入があったことが幸いしました。現在は経営データが信頼できる状態にあります。月次ベースで受注・決算から先行となる指標を確認することで、今後の計画達成の状況が把握でき、強化と改善するポイントが見えるようになったのです。それによって、単年度の成績だけでなく、中期的に高い利益を上げるための施策について考える重要さと、積分値としての事業成果を意識するようになりました。

ＮＴＴ－ＡＴの事業は、技術的に進んだ新しいソリューションが多くある分、社員も日々新しいことを考えなければなりません。例えば、製品のマーケットニーズを理解して、販売方法を検討したり、市場の技術レベルを調査したり、個々の社員は基礎技術の習得も必要です。現場の知恵を絞りだすためにも、日々の営業数値にばかり追われるような環境ではいけません。

必要となるのは、社員の教育やスキルアップに対する投資です。経営者として、先行指標で案件のリスクや決算の進捗を見ることで、組織が必要とする投資判断に集中することができるようになったそうです。

## F2Sは「社内文化」さえも改革する

一方、伊東氏はパブリッククラウドERPの導入プロジェクトを、事業本部側のユーザーとして経験していますが、F2Sによる業務変革に戸惑ったと語っています。ITシステム導入プロジェクトと聞いていたのに、業務を変えることになるわけですから、当然現場として不満も感じ、主導するIT部門との軋轢も生じました。しかし、社長となられた現在は、「良い面も難しい面もあったが、黒船的なやり方が会社の文化を変える良い機会になった」と振り返っています。

どんな会社でも長い歴史の中で、さまざまな手作業を含めて業務オペレーションが形づくられ、やがて組織の中で固定化されていくものです。個々の組織は工夫を重ね最適化しますが、事業環境の変化の中で対応しきれないこともあります。また、会社全体から見たら最適とはいえない部分もあるでしょう。しかし、NTT－ATでは前段で述べたように、F2Sによる導入は、固定化したルールなどを見直す良い機会として利用でき、社内の業務をシンプルに標準化することができたそうです。

一方、導入プロジェクトを主導した側の都筑氏によると、どうしてもパブリッククラウドERPに合わせられないような外部組織とのやり取りもあったとのことです。こういった業務については、ERPそのものを変更するのではなく、標準的なAPI（Application Program Interface）や、自社のWinActorなどを通して外部に機能を作ることで、クラウドのメリットを利用しつつ、機能拡張できるIT環境を実現しました。

「しかし」と伊東氏は続けます。「作った現在の業務が本当に全体最適の状態なのか、まだまだ考える余地はある。まずは一歩進めるべく、トライアンドエラーを繰り返すこと、ただし、それがあてずっぽうにならないよう、十分計画することが重要だ」と、今後の業務の在り方に目を向けていました。

## さらなる最適化が今後の課題

現在のNTT-ATの経営上の課題と具体的な取り組みについてもお聞きしました。現在検討しているのは、着地精度の向上と販管費・間接費の最適化です。これによって安定した成長と、それを支える投資に向けた環境づくりを目指しているそうです。

先に述べたように、事業利益の着地精度は改善され、ひと月先の判断に迷うことはなくなりましたが、四半期単位になるとまだまだ予測にブレがあります。特に突然のプロジェクト利益増大が課題のようです。

現場で安全策としてプロジェクトに積まれた予備費が、終盤でリスクを見直して不要になることがあります。通常、利益が増えることは喜ばしいことですが、年度末に突然現れた資金は有効に使えません。年度内の教育予算として使うためにも、利益の着地予測の精度を向上する必要があります。

また、販管費・間接費は、売上規模に応じて増大するものでしょうが、売上が増えたからといって、最適化を怠ると、利益率を向上させることができません。この販管費・間接費の管理については、ERPからデータを引き出し、単位経営資源・商材あたりで肥大化しないようモニタリングを行っています。全体最適の観点で業務プロセスのさらなる改善を目指しています。

F2Sによる業務改革で全社の稼働は減りました。しかし、想定上の稼働が減っても、人件費が減るわけではありません。伊東氏は「その減った稼働がどのように将来の成長につながるのか考え、2027年度売上1000億円企業への成長を実現したい」と決意を述べています。

NTT－ATは課題の解決に向けてプロジェクトを組み、検討を進めています。現在の取り組みとしては、IT環境に機械学習などを組み込み、より先を、より精緻に、売上と利益の事業予測ができるような分析環境を検討中です。そのうえで、各事業本部の投入するデータを均質化しながら、より高い成長を目指せるようなＫＰＩを、トライアンドエラーを繰り返しながら作っていく予定です。

「これからは、クラウドを使いこなすだけでなく、使い倒せるようになって、もっと全体最適化を進めていきます」と都筑氏は決意を語りました。

ＮＴＴ－ＡＴの事例からは、「事業改革は考え方一つで大きく左右されるものだ」と実感させられます。同社は5年のパブリッククラウドＥＲＰ運用の経験から、バージョンアップされていくＥＲＰ機能を活用することで、自社のケイパビリティーを増しつつ継続的な事業変革を実現していきます。ＥＲＰ導入は一つの通過点でしかなく、その先で継続的な使い方と成果を考え続けることが肝要なのだと改めて認識しました。

文責：久松正和

## 総括——過去、現在、未来のバランス配分

Chapter 2の事例はいずれも、現在への対処より未来の成長を重視していることが特徴です。現状維持は悪意があって起こるのではなく、先のことより自分の仕事のことだけ考えたい、任期の先のことまで考えたくない、会社のことは自分ごとではないと、つい考えてしまうために起こるものでしょう。

では、こうした足もとのことを優先するのは、日本企業だけなのでしょうか？

イノベーション論の碩学、ビジャイ・ゴビンダラジャン氏によると、人間は誰しも目の前のことに集中してしまい、将来やるべきことを意識しつつもやらないものだということです。

筆者もゴビンダラジャン氏のクラスに参加したことがあり、冒頭に次のようなアンケートがありました。

あなたは、次のうち、どれに何％の時間を費やしていますか？
〝現在を運営するための時間〟〝過去を忘れるための時間〟〝未来をつくるための時間〟の三つです。[※2]

「欧米企業は目の前のことしか考えていないのではないか」とか「逆に日本企業のほうが足もとの対処で精一杯なのではないか」とかの予想が聞こえてきそうです。

実際には驚いたことに、世界中から集まった人たちの回答は、「80％の時間を現在の運営に使っている」というものでした。筆者はこのアンケートに違うタイミングで2回参加しましたが、回答結果はどちらも同じでした。

「目の前のことに集中してしまう癖は世界共通なのか」と、筆者は逆に、日本企業のチャンスを感じました。

もともと長期的思考で、目標に向かって勤勉に働く文化を持つ日本であれば、フロントガラス経営に変われば、遠い先を見通して経営できるのではないかと考えたのです。

「現在を運営する労力は30％から40％でよい」と、ゴビンダラジャン氏は喝破しました。というのも、今日の顧客は明日の顧客とは限らないし、逆に、今日は市場がなくても、明日は市場が作れるかもしれないためです。

## 個別最適から全体最適へ

次に、Chapter 2で事例として紹介した3社はいずれも、経営トップである社長がコミットメントしています。単なる〝社長プロジェクト〟では、プロジェクトオーナーは社長で、報告は聞くが、誰かと誰かの対立の解決をしないため、結局はボトムアップ方式の改善や、現場同士のCNDに陥ります。そうではなく、これらの事例では、社長本人が組織文化や行動を変えたいと願い、邪魔になるものを解決するために、社長自身が行動しています。

組織には個々に目標となる管理指標があり、その目標を達成するように活動していきます。例えば、納期遵守率や歩留まり、ライン稼働率、

図9▶ 三つの箱の解決法

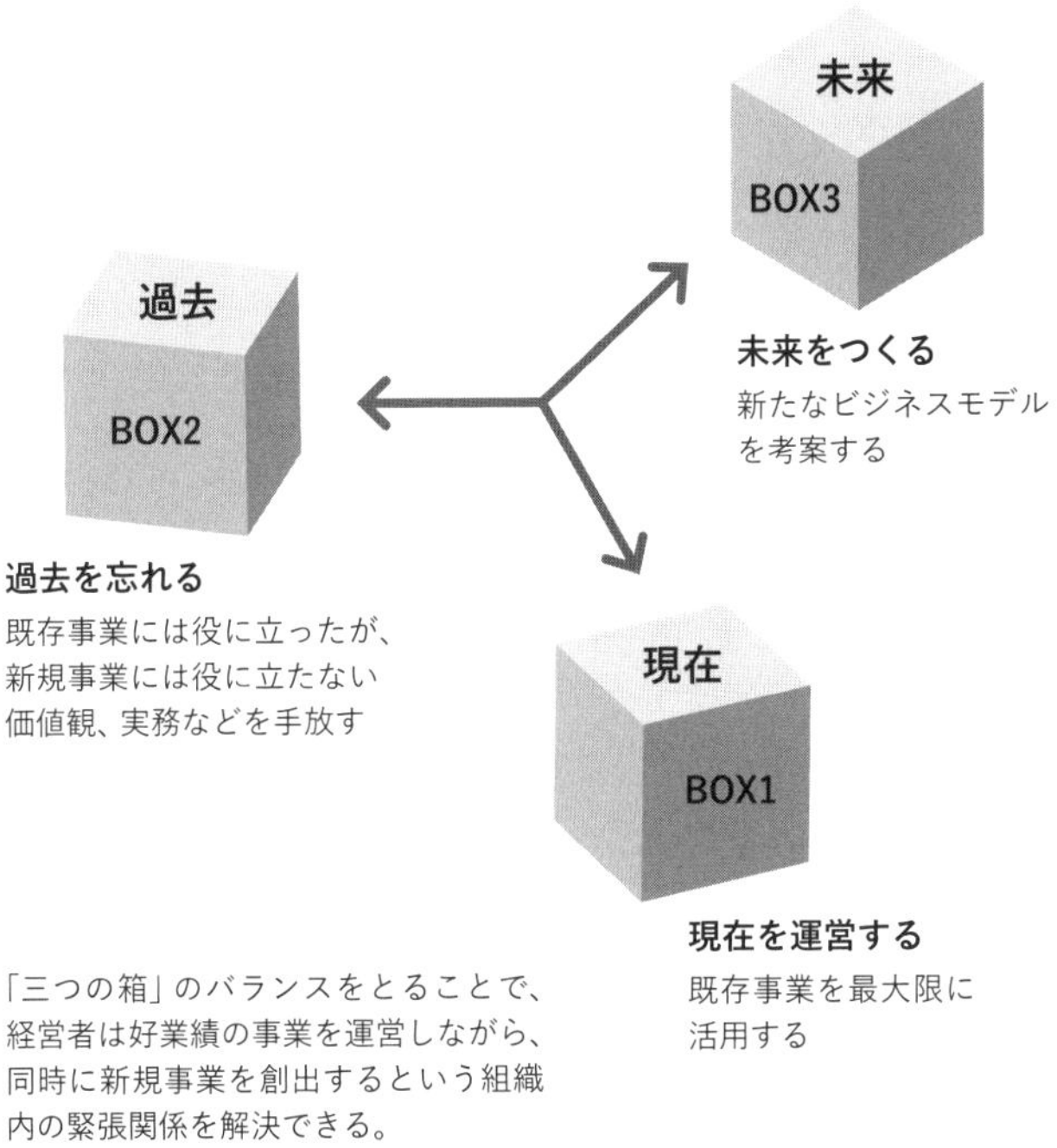


出典：ビジャイ・ゴビンダラジャン『イノベーション創造戦略―組織の未来を創り出す「三つの箱の解決法」』

顧客満足度などです。一方、部門間でトレードオフの関係にある管理指標のバランスをどうとればよいのか、多くの企業がわからない状態で経営しているのではないでしょうか。例えば、〝完成品在庫量と納期遵守率〟〝購買発注量と原材料過多〟〝ライン稼働率と在庫回転率〟といった具合に、こちらを立てればあちらが立たずというトレードオフが起こるため、どうすれば最適なのかが問題になります。

本来、企業の中の部門はすべて、経営戦略や経営目標のために活動しています。ところが、部門という単位に落とし込んだとたん、自部門に与えられた目標を重視するあまり、会社全体にとって損か得かという全体最適の視点を失ってしまうのです。

どの従業員にとっても自社の成長は歓迎すべきことで、昇給や雇用の確保という観点で、自分ごとです。しかし部門に入ってしまうと、個別最適を優先し、全体最適については思考停止します。多くの企業がこのジレンマに陥っています（図10）。

これは、社会課題におけるＮＩＭＢＹ（Not in my back yard、私の家の裏にはご免）との類似性が挙げられます。

図10▶ 個別最適の罠

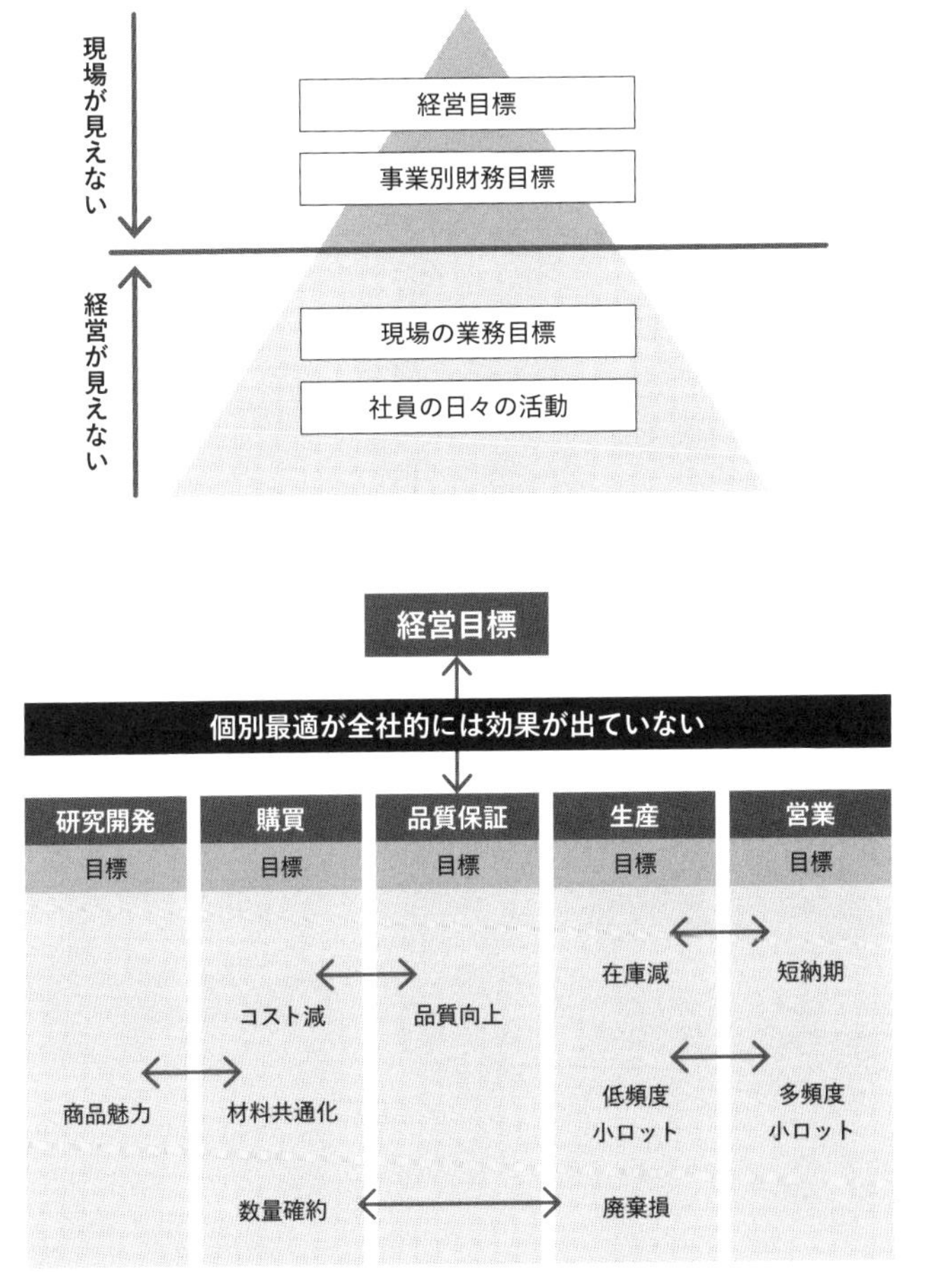
現場が見えない
経営目標
事業別財務目標
経営が見えない
現場の業務目標
社員の日々の活動
経営目標
個別最適が全社的には効果が出ていない
研究開発
目標
商品魅力
購買
目標
コスト減
材料共通化
数量確約
品質保証
目標
品質向上
生産
目標
在庫減
低頻度
小ロット
廃棄損
営業
目標
短納期
多頻度
小ロット

ゴミ処理場の必要性に反対の人はいませんが、自宅の隣に建設となると話は別ということが起こります。つまり総論賛成・各論反対というわけです。

企業においても、自社の成長には賛成だが、自部門が面倒なことになるのは反対ということが往々にして起こります。

## フロントオフィス業務とバックオフィス業務の位置づけ

企業のバリューチェーンを考える際、顧客と接する〝フロントオフィス〟と、フロントオフィスを後方支援する〝バックオフィス〟とに分けるのが一般的です。バックオフィスは間接部門、管理部門、事務部門と訳されることから、いかに地味な裏方なのか、企業内の位置づけが伝わってきます。

しかし、このような偏見は、欧米企業では20世紀までのものであり、21世紀からはバックオフィス重視の傾向が生まれました。「バックオフィスのフルフィルメント能力以上にフロントオフィスがよくならない。だから企業はＥＲＰに重点を置いている」[※3]という分析結果が２００１年に出ています。確かに、購買調達や物流をはじめとするバックオフィスの能力が上がらなければ、フロントオフィスは立ち往生してしまうでしょう。

日本企業のフロントオフィスとバックオフィスは相互に最適化されてきたわけではなく、フロントオフィス重視や、バックオフィスが個別最適のままということが多いのではないでしょうか。

フロントオフィスとバックオフィスの信頼関係がない場合、モチベーションに大きく関わり、離職率の高さや採用が困難になる他、お互いどんな仕事をしているか知らずに一方的に通達するということも起こります。一例を挙げると、営業の販売予測と、工場の生産予測が違うという具合に、お互いを信頼せず、「このくらい数値が違うはず」と手元で数字を加工してしまうことがあります。このとき、在庫過多や欠品になった場合の在庫責任は誰が負うでしょうか？　表面的にはルールが決められていても、双方で情報を加工してしまったら、原因も責任の所在もわからなくなります。

企業の成長のために働く以上、部門や職種の間には優劣は本来なく、共通の目標に向かって、共通の成果を出すために仕事をするのです。従って、企業は部門を超えて信頼関係を築き、共通言語を作る必要があります。

最後に3社の事例のもう一つのポイントとして、各企業がバリューチェーン一元化を実行し、経営者から現場の従業員まで、組織文化と行動を変えた点が挙げられます。もし、ただ単にERPを導入したというだけなら、システムを入れ替え、何かが便利になったという程度のお話です。

しかし、ここで紹介した3社はシステム導入で成功したというより、システムを道具として、全体最適指向の会社に変えることに成功しています。

これまで日本企業が進めてきた個別最適は、〝その部門の効率〟のみを追求した部門運営方針でした。しかし、個別最適を組み合わせても全体最適にはなりません。だから最初からバックオフィス業務を一元化し、全体最適を作るのが、ERPという経営手法です。

バックオフィスの業務が一元化されれば、組織間のコミュニケーションパスが極めてシンプルになります。どの部門も同じ器の中にいるので、同じものを同じ尺度で見ればよくなるからです。確認と督促のために電話をするという、何の付加価値も生まないが対応せざるをえなかった仕事から解放され、本質的にやるべき仕事に従事できるようになります。

これはフロントオフィスも同様で、顧客とのつながりが一元化できれば、商談管理で販売の着地点を予測できますし、顧客へのマーケティングや購買行動の統合把握などで、よりよい顧客体験を与えられるでしょう。

唯一、売上と利益をもたらしてくれるのは顧客です。顧客の片づけたい仕事を教えてくれるのはフロントオフィスで、製品やサービス提供を支えているのがバックオフィスです。この二つは車の両輪のように大切で、どちらもゆるがせにできない仕組みとして、投資し、高度化させていく必要があります。

人間は変化を嫌う生き物ですが、時代の変化とともに過去のやり方を忘れ、新しい能力を獲得していくのが常です。アンラーンやリスキリングという言葉が流行していますが、今に限らず、蒸気機関から電気、手作業から工場自動化（ファクトリーオートメーション、ＦＡ）、紙や表計算ソフトからシステムという具合に、人間はアンラーンとリスキリングを繰り返してきたのです。

新しいことをやるのは、どんな人間もこれまでずっと続けてきたことです。今起きている変化もリスキリングのチャンスと考え、前向きに取り組む企業やビジネスパーソンが少しでも増えればと願っています。

文責：宮本裕司

引用・参考資料

※1…ＮＴＴアドバンステクノロジ株式会社：ＤＸを支える新たな成長基盤をわずか6カ月で全面移行 https://www.youtube.com/watch?v=O5yWk1s-Npw

※2…ビジャイ・ゴビンダラジャン『イノベーション創造戦略―組織の未来を創り出す「三つの箱の解決法」』ダイヤモンド社、２０２１年

※3…Harreld, Heather. "Extended ERP Technology Reborn in B2B". Computerworld. 2001.

# Chapter 3

# データ活用の実践者たち

ここでは、データ活用を実践している企業を3社ご紹介します。これらの事例から、以下のように三つの普遍的な共通点を見出すことができるでしょう。

1. データ活用を経営陣が推進している
2. 組織文化がデータ活用に影響を与え、データ活用が組織文化に影響を与えている
3. データの発生源が信頼できる

データ活用というと、「複雑な分析ツールを用いてデータサイエンティストが分析する」というイメージが先行しがちです。確かにデータサイエンティストは高度な分析や予測を行いますが、経営者や現場が意思決定をするためには“データ活用の民主化”が必要です。民主化で組織文化が変わることで、企業の競争力は飛躍的に向上するのです。

## Case summary 01

# 「都市データ」クラスの大規模データ活用への挑戦

阪急阪神ホールディングス株式会社

**会社名**……… 阪急阪神ホールディングス株式会社
**所在地**……… 大阪府大阪市
**年商**………… 営業収益9,976億円（連結、2024年3月期）
**従業員数**…… 22,811名（連結、2024年3月期現在）
**事業内容**
都市交通事業、不動産事業、エンタテインメント事業、旅行事業など。
**話し手**
山本隆弘氏（グループ開発室DXプロジェクト推進部長）
日下部貴彦氏（グループ開発室DXプロジェクト推進部データアナリシスディレクター）

「『人口減少』と『消費者の趣向の多様化』は、データを活用しなければ乗り越えられない。現状のまま働いてなんとかなるという思考は、リスキーである」

こう語るのは、阪急阪神ホールディングス（以下、阪急阪神HD）DXプロジェクト推進部長の山本隆弘氏。同社は、関西圏を中心に「都市交通事業」「不動産事業」「エンタテインメント事業」「情報・通信事業」「旅行事業」「国際輸送事業」など、幅広く事業を展開する民営の鉄道会社です。宝塚歌劇団や阪神タイガースなど、高い人気を誇るコンテンツホルダーであり、個々の多角化事業にここまで力を入れて取り組んでいるのは、他業界を見渡しても類を見ないほどです。

メインの市場を日本に持つ阪急阪神HDでは、日本の社会問題も事業戦略を策定するうえで重要な観点の一つとなります。特に、少子高齢化による人口減少は、国内の一般消費者に対するサービスを多く取り扱う阪急阪神HDにとって、市場規模の縮小に大きな影響をもたらす問題です。

一方で、消費者の行動は、モノ消費からコト消費、そしてトキ消費・

イミ消費・エシカル消費などへと、時代とともに移り変わっています。このことから企業は一般消費者のニーズを正確に把握し、サービスを提供することが求められています。

## データを活用しなければ生き残れない

阪急阪神ＨＤでは、このような自社の将来を脅かすリスクと多様化する消費者ニーズに対し、データを活用した打開策を講じるためのチャレンジングな取り組みとして、ＤＸプロジェクトを始動しました。山本氏が全体推進を務め、２０２０年4月からプロジェクトのプランニングを開始し、約1年をかけてアウトラインとなる目的を左記のように策定しました。

**〈阪急阪神ＨＤ ＤＸプロジェクトの目的〉**

- 事業・サービス横断の顧客データ分析をするための「横串（キー情報）」となる「グループ共通ＩＤ（以下、HH cross ID）」を新設すること。
- 阪急阪神ＨＤの各種事業・サービスから収集できる顧客データを

「横串」で分析することで、One to Oneマーケティング[*1]を実現すること。

目的を達成するためには大きな課題があったと、山本氏は言います。

「大きな課題の一つになっていたのは、当時の阪急阪神ＨＤ社内に、データ分析をできる人材、いわゆるデータサイエンティストがいなかったことでした。阪急阪神ＨＤが展開する多種多様な事業のサービスから収集されるデータは『都市データ』に匹敵する内容です。そのデータを分析し、One to Oneマーケティングの実現につなげるためには、アカデミアとの連携が必須でしたし、都市データクラスの分析を委託できる企業がないため、直営のデータサイエンティスト集団を育成する必要がありました」

プロジェクト開始当時、阪急阪神ＨＤ社内には、データ分析をリードできる人材がいませんでした。都市データクラスのデータ分析を通じたOne to Oneマーケティングは世界的に見ても前例がなく、大学等の学術機関が行っている最新の研究内容を取り入れる必要があると考えたそうです。

＊1…顧客の個別の要求に対応して、商品やサービスを効果的に顧客へ提供すること。顧客の趣向などの情報を記録したデータベースを活用する。出典：小学館『デジタル大辞泉』(https://daijisen.jp/)

こうした背景から、山本氏は当時東京大学の准教授であった日下部貴彦氏の元を訪れ、産学連携について相談した結果、最終的に大学側のスプリット・アポイントメント制度（研究者の複数機関雇用制度）を活用することが決まり、阪急阪神ＨＤのデータ分析組織のリーダーを日下部氏が務めることとなりました。日下部氏は当時を振り返り、次のように語ります。

「はじめに相談を受けたときは、直営のデータサイエンティストを育てることがミッションだったのですが、そもそも阪急阪神ＨＤにとって『データ分析とは何か？』や『データ分析をする人たちとは何者なのか？』という突き詰めが、まだ十分ではない状態でした。一方で、阪急阪神ＨＤは世界でも稀にみる多種多様な事業展開をしている企業であり、かつ、各事業もユニットとしての規模が大きいことから、各事業で収集する顧客データを分析することができれば、他社にはない強みになります。さらに、その結果を都市づくりに還元することで、地域の発展につなげることが可能であるとも考えました」

２０２１年４月、阪急阪神ＨＤのグループ開発室にＤＸプロジェクト

お話を伺った山本隆弘氏（上）、日下部貴彦氏（下）

推進部が約20名の体制で立ち上がります。その中の一つとして、日下部氏がリーダーを担う「データ分析ラボ」が設立されました。データ分析ラボでは、プランニングで検討されたプロジェクトのアウトラインの具体化と、その実現に向けた取り組みの推進を行います。また、このラボは直営データサイエンティスト集団としての活躍が期待され、各事業部門から選抜された若手社員6名が配属されました。

「プロジェクトと組織が始動した当初は、取り組むべきことが多くありました。HH cross IDを実現するためにはまず、その思想から作り上げていく必要がありました。具体的には『HH cross IDに求められる要件』や『どうやればそれが仕組みとしてつながっていくのか』を定義していくことです。また、阪急阪神HDのグループ各社に対するHH cross IDのメリットを考えて、伝えていく必要があったのです」

日下部氏がこう振り返るように、HH cross IDを導入するためには、まず各事業会社との間で課題の相互理解を進め、信頼関係を築く必要がありました。各事業会社のビジネスモデルを理解しつつ、現状の課題に事業会社とともに取り組むことで、HH cross IDの概念やメリットを知ってもらい、導入に踏みきる決断をしてもらう必要があったのです。日下部氏が続けます。

「例えば、メールマーケティングを企画する事業会社では、顧客全体ではなく、顧客の購買行動に基づいたセグメント単位でのメール配信を希望していました。しかしその事業会社では、高度なデータ分析に基づいたセグメントの設定を自社だけで実行することに課題を抱えていました。つまり、実現するための仕組みやスキルを必要としていたのです。そこでデータ分析ラボでは、機械学習を活用し、セグメント方式を立て、PoC（実証）環境を事業側のMAシステム（マーケティングオートメーションと呼ばれる自動化システム）と接続することで、配信するメールへの反応率が向上することを実証しました。その後PoC環境ではなく、本格的に導入するためには、HH cross IDを使うことにメリットがあることを説きつつ、データをつなげていく活動をしました」

別の事業会社では、データを蓄積している基幹システムのレガシー化により、現場のデータ活用が進んでいないという課題にも直面しました。必要なデータを蓄積し、分析するためには、基幹システムの構造自体を変えていかなければなりませんでした。総じて、データを通して各事業の売上・利益等をどのように上げていくかという根源、根本的なところまで見る活動を実施していました」

一方で山本氏も、事業会社をプロジェクトに巻き込む過程を次のように振り返ります。

「事業会社からDXプロジェクトに対する協力を得るためには、彼らの売上・利益等が伸長するということをPoCの段階で実証することが重要です。資料等での説明はいくらでもできますが、それだけでは誰も協力をしてくれません。事業会社にデータを提供してもらって、彼らがHH cross IDを導入することによって得られるメリットを実際に見てもらうことで、一緒にDXプロジェクトに取り組む仲間へと意識が変わると思っています。

また、DXプロジェクトを推進するためには、社内外問わずパートナーの選定が重要と考えていますが、日下部氏は『我々データ分析ラボこそが、事業会社の最良のパートナーになる』という共通認識をラボメンバーに浸透させていきました。そうした意識のもとで取り組んだ結果

## 図1▶ 阪急阪神DXプロジェクトが目指す顧客マネージメント

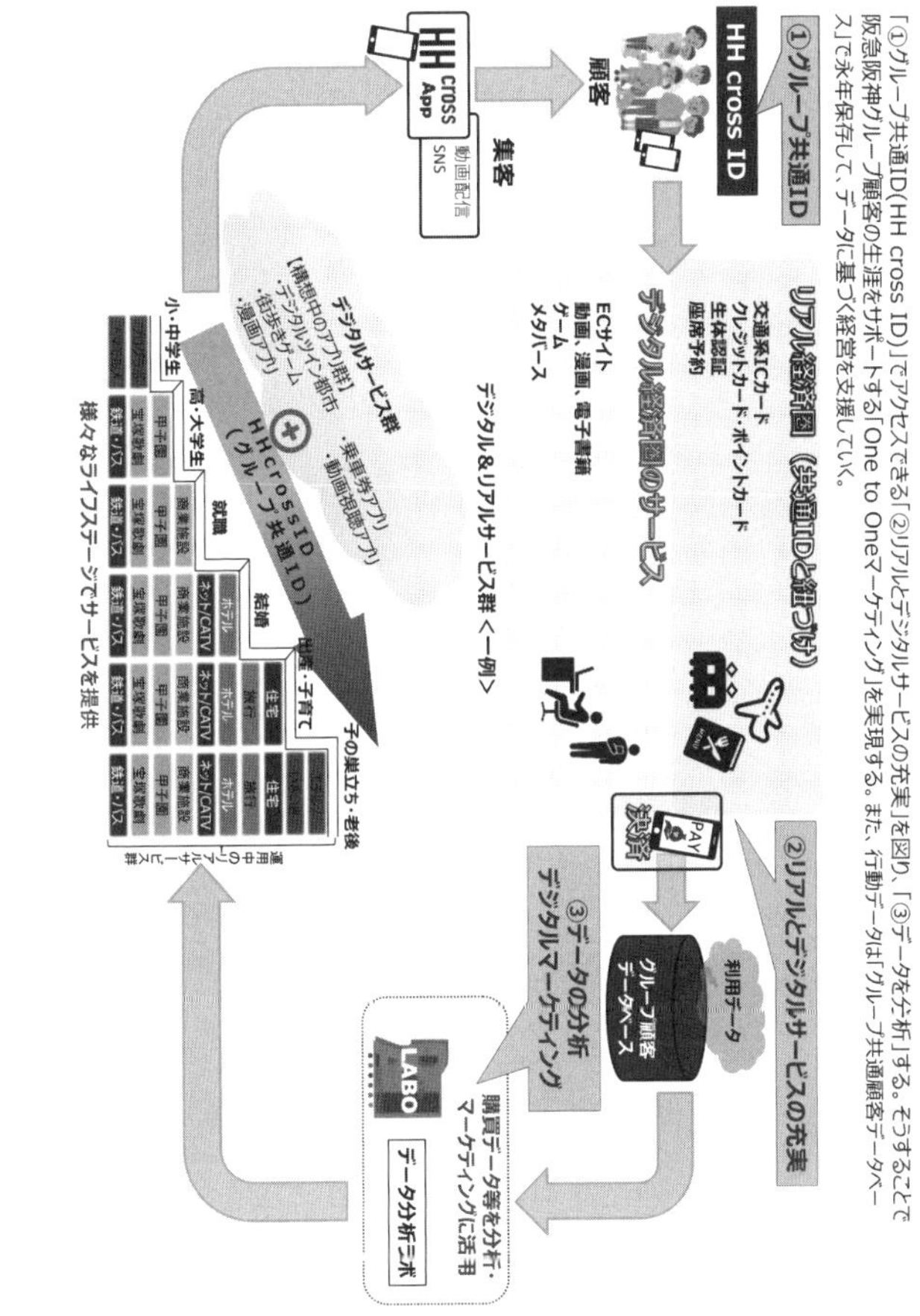

として、事業会社から見た阪急阪神ＨＤのイメージも、『指導監督する部署』から『一緒に事業をしていく仲間』という意識へと、徐々に変わっていったと思います」

データ分析ラボの存在は、データ活用による定量的な効果だけではなく、阪急阪神ＨＤの組織文化に新しい風を吹かせる定性的な効果ももたらしています。このことは、データ分析ラボを立ち上げた大きなメリットの一つといえるでしょう。

## HH cross IDがもたらした功績

阪急阪神ＨＤがHH cross IDの導入によって目指したのは、自社が提供する多種多様な事業で集まるデータに横串を通すことと、集まったデータを分析してOne to Oneのマーケティングを実現することでした。

一方で、山本氏はそれ以外の効果もあったと言います。

「定量的なビジネス効果はこれからですが、定性効果については、この3年間の活動を通してＤＸプロジェクト推進部員に『このやり方で間違いない』という確信が醸成されたことです。チームとしては4年目以降もスピードを上げて挑戦していけばよいという自信が持てました。

また、HH cross IDは具体的かつ、わかりやすい目的・手段があるため、それに共感してくれる仲間ができました。他社とビジネスとしての実践的なアライアンスを組むことができる点も、定性的な効果といえます」

日下部氏はここまでの経緯をどのように見ているのでしょうか。

「社内外でHH cross IDがこれからの鉄道会社に求められるインフラの一つとして認められた点が、現時点での成果でしょう。今後インフラとしてさらに多くの事業をつなげていくことで、定量的な効果を出せると思っています。

DXプロジェクトに関わっている社員からは『もっとこういったデータを見てみたい』などの声が上がるようになり、データをエビデンスとして仕事をしていく姿勢に変わってきたように感じています」

組織の意識の変化については、山本氏も「データ分析ラボと協業している組織は、データの重要性を認識し、仮説検証プロセスの実践等を通して、データ分析ラボとともに成長している」と話しています。

HH cross IDの存在が、社員の働き方の変革や、鉄道業界の新たなビジネスモデルにつながり、社内外に影響をもたらしています。いずれも、阪急阪神HDが見据えているDXを活用した次世代のビジネスには、欠かすことのできない重要な要素ではないでしょうか。

## 新たなエコシステム構築を狙う、次なる取り組み

阪急阪神HDでは、これまでご紹介した取り組みを「阪急阪神DXプロジェクト1・0」と位置づけています。このプロジェクトでは、HH cross IDを通じて蓄積・分析した顧客データをOne to Oneマーケティングや各事業間の相互送客、ロイヤルカスタマーの拡大、新たな商品・サービスの開発に活用することで顧客満足度のさらなる向上につなげていくことを目指してきました。

次なる取り組みとして、新たなエコシステムの構築を狙う「阪急阪神DXプロジェクト2・0」の計画を進めています。〝to C〟型のビジネスモデルを展開するさまざまな業種・業界の企業と、クラウド上で共

通基盤を共有・連携することで、各社をデジタル上の経済圏で横連携していくという構想だと山本氏は説明します。

「DX活動の基本として『パイを奪い合うDX』ではなく、お互いに『パイを創り出すDX』でありたいと思っています。『阪急阪神DXプロジェクト2・0』では、同業他社に限らず、業種・業界を超えてコンシューマー向けの顧客基盤を持っている企業との協業を目指したいと考えています」

また、「DXプロジェクト2・0」と並行して、社内での人材育成にも力を入れる必要があると山本氏は言います。

「データの活用は今後さらに広げていきたいと考えています。そのためにも、クラウド技術や、データサイエンスのことを理解しつつ、事業のビジネスモデルとして売上・利益の上げ方がわかるような、エンジニアであり経営感覚も持つ『総合的なエンジニア』が育ってほしいですね。

データ分析ラボに所属することで必要な知識やスキルを学ぶ機会は増えますが、世の中には『総合的なエンジニア』が育つための環境が少ないことが課題だと感じています。だからこそ、阪急阪神HDだけではなく、社会全体でしっかりと『総合的なエンジニア』を育成していくことが重要だと考えています。いい人材が増えれば、日本経済ももっと良くなるはずです」

## データ利活用プロジェクト推進に必要な要素

ここまでインタビューを通じて山本氏、日下部氏からはさまざまな苦労や経験を拝聴することができました。阪急阪神HDのDXプロジェクトの4年間を改めてまとめると、以下のポイントが挙げられます。

- HH cross IDの導入に向けて、新組織を構成する人材を、社内外問わず招集した。
- 各事業会社のビジネスモデルを理解したうえで、各事業会社とともに課題を解決することで信頼関係を構築した。
- 各事業会社のビジネスモデルと収集したデータを掛け合わせて分析し、一部の事業会社で具体的な事業課題の解決を行い、売上・利益向上等に貢献した。

## 図2▶ コンシューマー顧客を有するリアルビジネス企業によるデジタル連携構想

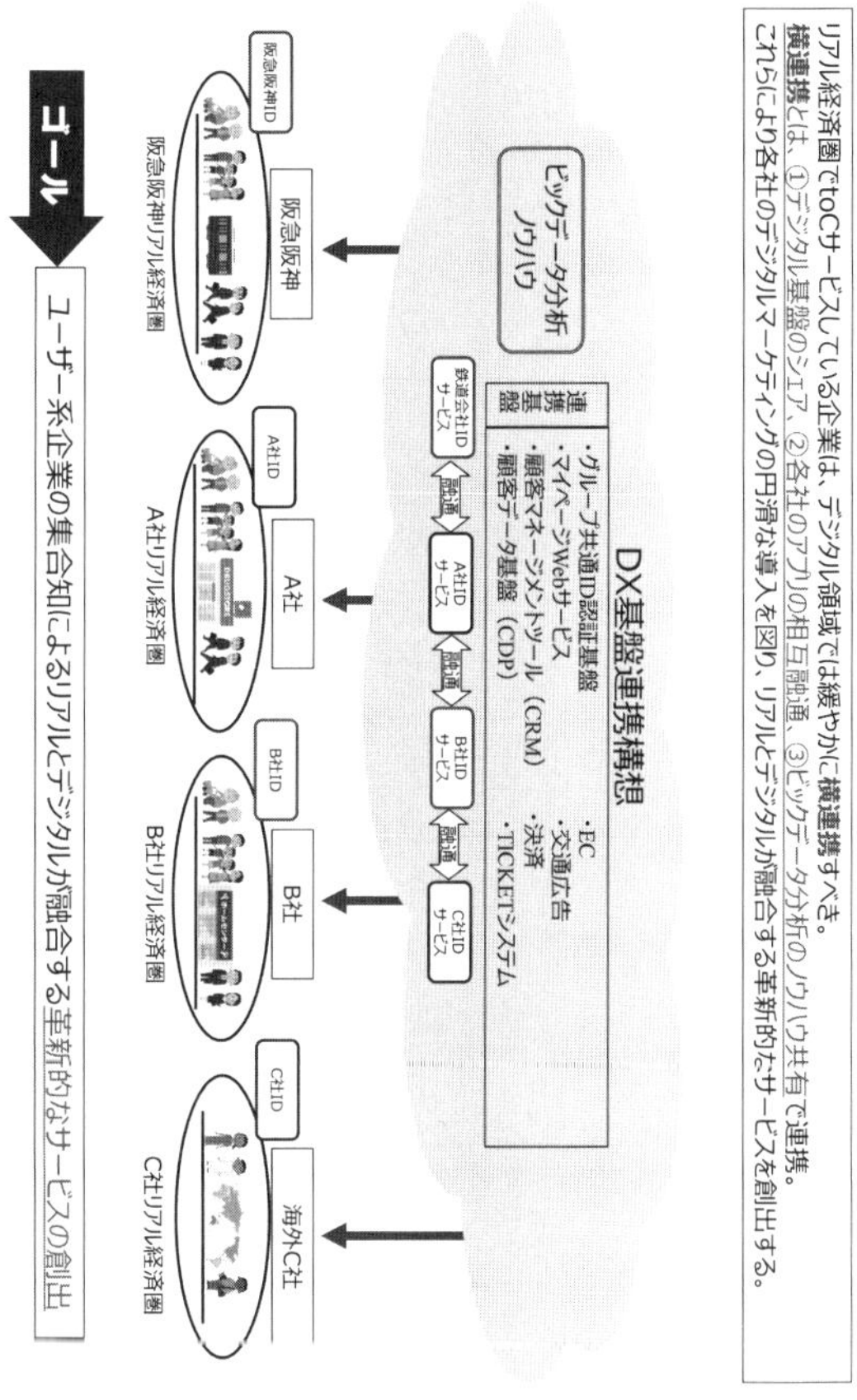

こうして、多種多様な事業が各々収集したデータが散在していたところから、HH cross IDの導入を行ったことで、データに基づく意思決定を行うデータドリブン経営への変革を目指していきました。

また、山本氏、日下部氏の話は、次の点も重要だと想起させます。

1. 経営層やプロジェクトのリーダー間の相互理解と連携
2. 「覚悟」を持ってプロジェクトを成功へと導くリーダー
3. 次世代の人材育成

まず〝経営層やプロジェクトのリーダー間の相互理解と連携〟ですが、「本プロジェクトは経営環境変化に対する経営者の危機感が起点となっていることが何より重要であった」と山本氏は語ります。経営層はＤＸへ挑戦する決意を示していたため、経営層に向けてＤＸプロジェクトはアジャイル型組織（状況に応じて機敏に対応する組織）でないと進まないことを説明し、進め方に関するコミットメントをもらったのです。ＤＸプロジェクトは過去に前例のない挑戦的な取り組みであったため、経営層への密な報告によりプロジェクトへの理解を促すと同時に、データ分析ラボの活動を支援してくれる環境を整えました。また、経営層のコミットメントの存在は、現場リーダーたちがプロジェクトメンバーに対して、アジャイル型組織でプロジェクトを推進することをコミットすることを可能にし、プロジェクトに携わるメンバーの心理的安全性の確保につながりました。日下部氏も「データ分析ラボ最初のチームビルディングのタイミングで『我々は失敗してもよい組織である』という共通認識をもつことができた」と語っています。

二つ目の〝「覚悟」を持ってプロジェクトを成功へと導くリーダー〟とは、プロジェクトの目的・目標の実現に対する強い意思すなわち「覚悟」を持ったリーダーを指します。そのようなリーダーが推進するプロジェクトは、チームが一丸となり、共通の目的・目標に向かって進んでいきます。

DXは多様な技術要素を持ったチームで推進していくものなので、それぞれのチームのリーダーが連携していくことが肝要です。

山本氏は本インタビューの中で、阪急阪神HDのDXプロジェクトについて「経営層の『できたらやろう』『やれたらやろう』ではなく、『やらなければならない』『そのためにやるべきことをやる』という意識を受けて、ＤＸチームの各リーダーたちは具体的なアクションにおいてもブレずにやってきた」と語っていました。

こうした強い「覚悟」を経営層と現場リーダーが共有できたことが、プロジェクトメンバーのモチベーションを保つ重要な要素となりました。また、本事例においては産学連携の実現や、新組織の設立、データサイエンティストの育成など、阪急阪神ＨＤのＤＸプロジェクトの目的達成に必要となるパズルのピースを集めていく原動力の一つであったといえるのではないでしょうか。

三つ目の〝次世代の人材育成〟ですが、昨今では、特にＩＴとビジネス両方の知識が求められるシーンが増えています。ＩＴとビジネスの境目はなくなりつつあり、今後は「ＩＴに関してはＩＴ部門、ビジネスに関しては業務部門」と、双方を分け隔てた形で仕事をすることがますます困難になっていくことでしょう。阪急阪神ＨＤは自社で「総合的なエンジニア」の育成に挑戦していますが、このような「総合的人材」の育成は、今後の重要な経営アジェンダの一つとなるのではないでしょうか。

山本氏は「経営層の期待のもとで、皆このプロジェクトに賭けている。その分、成果で期待に応えなければならないプレッシャーもある」と言います。

成功に向けた強い意思を持ち、経営層の理解と支援を得て、日に日に実力を付けているデータ分析のエキスパート集団を抱える阪急阪神ＨＤのＤＸプロジェクトは、今後さらなる発展と、目覚ましい成果を上げるでしょう。

「ＤＸプロジェクトに終わりはない」（山本氏）

文責：大沢有貴

**参考資料**

阪急阪神ホールディングス株式会社〝「阪急阪神ＤＸプロジェクト」について～デジタル技術を積極的に活用し、これからも「安心・快適」、そして「夢・感動」をお届けします～〟２０２２年５月20日 https://www.hankyu-hanshin.co.jp/release/docs/c04085ad2176a27a246b552eeb99ce6130a05964.pdf（参照　２０２４年４月30日）

## グローバル展開を目指す、ヘルスケア領域のデータ活用

Case summary 02

SHIONOGI

企業名……塩野義製薬株式会社
所在地……大阪府大阪市
年商…………4,351億円（2023年度）
従業員数…4,945名（連結、2024年3月現在）

事業内容

医薬品、臨床検査薬・機器の研究、開発、製造、販売など。
データサイエンス部では、データ活用による各業務部門の意識醸成やプロセス定着化をリードし、会社全体の「新しい価値の創造」を目指している。

話し手

渡邉 慶氏（DX推進本部データサイエンス部）

システム管理者やデータ管理者が不要になると聞いたら、読者の皆様はどう思われるでしょうか？

分散型自律組織（以下、ＤＡＯ）をデータ管理の仕組みに取り入れている塩野義製薬の事例をご紹介します。注目すべき点は、これまでのデータ管理と違い、特定の管理者を置かない分散型データコミュニティー（以下、ＤＢ－ＤＡＯ）と、セントラルデータマネジメント（以下、ＣＤＭ）を活用していることです。

ＤＢ－ＤＡＯとは、所属部門や専門領域に関係なく、誰でもいつでもデータを取得・共有できるデータベースの集まりです。組織・コミュニティーというよりも、データをやり取りするシステムに分類されるという見方もあるため、分散型データシステム（ＤＢ－ＤＡＳ）ともいえます。

塩野義製薬における従来のデータ運用では、「○○のために△△のデータが欲しいのですが」と業務部門がＩＴ部門に依頼し、ＩＴ部門が条件に合致するデータを収集・変換・統合・分析を行い、ようやくＩＴ部門が依頼者へ渡す、というプロセスがありました。このような煩雑な手順を踏むことなく、データを必要とする人自身がデータを取得・共有することで、他者もそれらのデータを使ってデータ分析できる点がＤＢ－ＤＡＯの特徴です。

将来的には、他者に使われるたびに、そのデータの登録者に報酬として社内限定通貨のようなポイントが自動的に付与される機能を備える、といったアイデアも検討の余地がありそうです。実現すれば、データ登録者のモチベーションになりますし、参加者や参加頻度の増加促進に役立つだけでなく、獲得ポイント数によってデータ活用度を定量的に評価できるので、社内認定制度などへも活用できそうだと感じました。

塩野義製薬では、グループビジョン「新たなプラットフォームでヘルスケアの未来を創り出す」の実現に向けて設立されたデータサイエンス部の発案により、ＳＨＩＯＮＯＧＩ ＤＡＴＡ ＳＣＩＥＮＣＥ ＦＥＳ*1（以下、ＦＥＳ）が毎年開催されています。これは、外部環境がどれだけ変化しても製薬業界のトップランナーとして走り続けるために、データ活用が不可欠であると認識し、実際に組織変革を推進している、先進的な企業ならではの取り組みの一つです。手代木功代表取締役会長兼社長ＣＥＯ（２０２４年7月時点）も、中期経営計画の中で「組織」「人材」「データ基盤」

*1：SHIONOGI DATA SCIENCE FES　データサイエンスに関する技術や知識、データ活用事例等を社内外に発信することでデータリテラシーを向上すると同時に、部署を超えた〝協創〟の場、新しい価値を創出する場を作ること、および、外部ネットワークを広げることを目的としたイベント。

を変革のキーワードとして挙げています。このFESの中でDB－DAOとCDMは、次世代データマネジメントの基盤として発表されました。

## DB－DAOなら、誰もが平等にデータを使える

「DB－DAOが必要な理由は、個人、部門、そして企業全体でのイノベーションを促進するためです。日々の業務で生成されるデータは、各部門の職務遂行に役立てられています。しかし、そのデータが他の用途にも利用価値を持つことに気づかなければ、宝の持ち腐れになってしまいます。日々の業務に追われる現場では、二次利用目的まで考えが及ばないことが多いのが実情です。データサイエンス部は、『データソムリエ』としてデータを選別、課題の仮説（時には検証まで）を提案する役割を担っています」

しかし、データを実際に使う業務部門（データ活用者）の要件を完全に把握し、すべてを満たすことは簡単ではないでしょう。そこで役に立つのがDB－DAOの仕組みです。

「ＤＢ－ＤＡＯでは、参加者自身が持っているデータを透明性の高いコミュニティーで共有し、特定の部門に〝管理〟されることなく、参加者が平等にデータを利用できます。参加者が自由にコラボレーションしながら、自分が見ている世界とは異なる視点や情報を得ることで、新たなひらめきや発想が生まれます。このように、個人・部門・企業全体としてのイノベーションを実現することができるのです」

## 「隣は何をする人ぞ」では、人も組織も機能しない

分散型自律組織というＤＡＯの概念をデータ管理に応用したデータベースの集まりがＤＢ－ＤＡＯで、参加者が利用しているデータ基盤がＣＤＭという位置づけです。ＣＤＭは２０２１年にＤＸ推進本部が掲げた、２０２４年度までに行う基盤投資の一つである「データ利活用基盤の整備」を実現するために、それまでに構築されていたデータハブを拡張・発展させる形で実装されました。しかし、基盤を構築しただけで、さまざまな業務課題が自動的に解決するわけではありません。ＣＤＭが

## 図3▶ データ活用ロードマップ

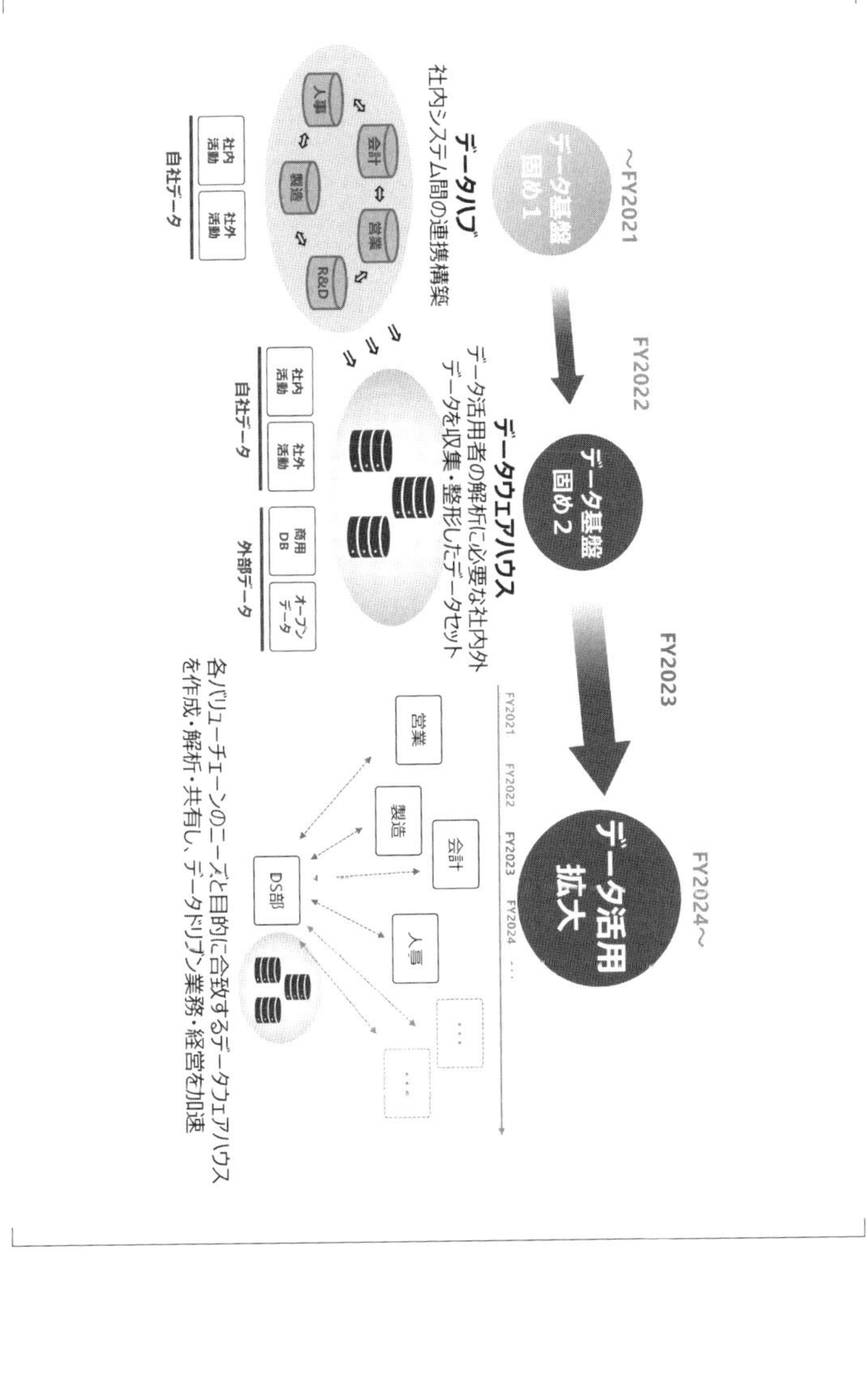

定着する前は、隣の人がどのようなデータを必要としているか、持っているかがわからない状況もありました。この「仕組み」は、「人」や「組織」が使いこなして初めて効果が発揮されます。

そのためデータサイエンス部では、データ解析による経営課題の解決だけではなく、各部門が自分で欲しいデータを取得・活用するための「データサイエンス人材育成講座」を開催しています。講座で使われたデータはＣＤＭに蓄積され、部門間のデータ共有を促進します。

一般的に専門性の高いデータサイエンスの人材は、各部門に配置されるか、または部門を横断して統括する独立組織として機能しますが、塩野義製薬は後者です。すなわち、強権発動するようなモデルではなく、業務部門と協業していく「派出所モデル」をとっています。これにより調整役として機能できる一方、企業のバリューチェーンを構成する各業務に深く入り込みにくいという側面もあります。

「そこで、データサイエンス人材育成講座を開催し、業務知識・経験のある人材がデータサイエンス部員と共に学び、その知識や成果を業務部門に持ち帰って、中核人材になってもらおうと考えました。この講座を

## 図4▶ データウェアハウスの運営（データの集約と可視化）

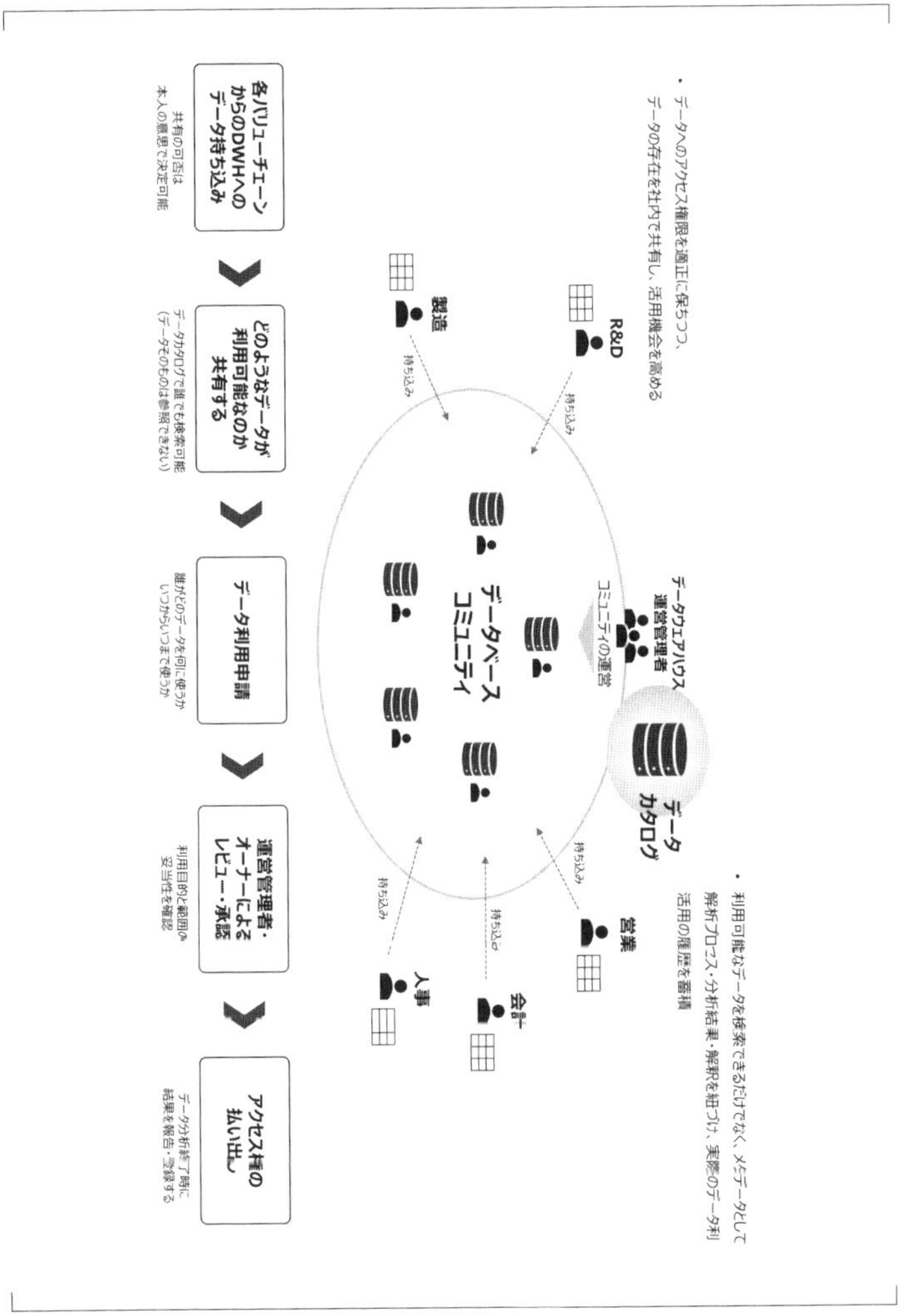

・データへのアクセス権限を適正に保ちつつ、データの存在を社内で共有し、活用機会を高める
R&D
製造
持ち込み
データウェアハウス運営管理者
コミュニティの運営
データベースコミュニティ
データカタログ
営業
会計
人事
・利用可能なデータを検索できるだけでなく、メタデータとして解析プロセス・分析結果・解釈を紐づけ、実際のデータ利活用の履歴を蓄積
各バリューチェーンからのDWHへのデータ持ち込み
共有の可否は本人の意思で決定可能
どのようなデータが利用可能なのか共有する
データカタログで誰でも検索可能（データそのものは参照できない）
データ利用申請
誰がどのデータを何に使うかいつからいつまで使うか
運営管理者・オーナーによるレビュー・承認
利用目的と範囲の妥当性を確認
アクセス権の払い出し
データ分析終了時に結果を報告・登録する

通じて、各業務部門との交流を深め、業務知識やニーズを把握し、双方向の知識交換や人脈づくりを進めています。データ基盤は、構築・導入したにもかかわらず、業務部門に使われることなくシェルフウェア（タンスの肥やし）化することも少なくありません。塩野義製薬では、営業・会計・製造・人事などの各部門で、業務課題の解決のために効率的かつ効果的にデータが活用され、新しい価値を創造するといった取り組みが積極的に推進されています。

ＣＤＭ構想前は、『こういうデータが欲しい』とデータ管理部門に依頼することが常でしたが、今では各業務部門も『データを活用する自分自身がデータを取得、分析する』という方向に、明らかに意識が変わってきています。『やりたいことが自分だけでできるのか』、もしくは『データサイエンティストの力を借りる必要があるのか』という最初の切り分けは、データサイエンス部が行います」

一人ひとりの意識を変えることも一足飛びにはできません。データサイエンス部は、高度な知識を駆使するデータ解析の専門家として作業する一方で、地道な啓蒙活動、いわゆる「泥臭い」作業にも継続して取り組んでいます。

「例えば、イントラネットのポータルにデータ活用事例を掲載し、アクセス数が経時的に伸びていることを追跡し、次に掲載する内容などを検討する作業を行っています。その効果として、データ活用による企業変革を自分事として取り組む意識が全社的に、そして確実に浸透してきたことを実感しています」

## CDMが解決する六つの課題

CDM構想で取り組む主な課題は六つあります。

**①マスターデータ管理体制の確立**……さまざまな業務（トランザクション）データの前提として必要な精度の高いマスター項目を統合管理します。

**②業務システム間連携**……各部門は異なるシステムを利用していますが、①の共通化されたマスター項目に準拠したデータが送受信

されることによって、データの一貫性が保たれます。

**③データ分析・活用**……各部門は、日々の活動の中で発生する業務課題をなるべく迅速に、かつ的確に解決すべく、データを最大限に活用しています。

**④領域横断的なデータウェアハウスの整備**……各部門の個別課題だけでなく、バリューチェーンを横断する共通課題の解決につながります。

**⑤メタデータの収集と管理**……データウェアハウスの検索性を高めるだけでなく、データ管理の透明性も確保します。

**⑥解析プロセスと意思決定の関連性のデータ化**……解析結果や活用履歴もデータベースとひもづけて管理することによってデータ活用の効果を高めます。

さらに、社外から入手したデータ（有償＝保険医療機関でのレセプトなどの商用データ、無償＝気象などのオープンデータ）の重要性も見逃せません。ヘルスケア関連のエビデンスを構築するためのデータ分析では、自社で実

## 図5▶ セントラルデータマネジメント（CDM）

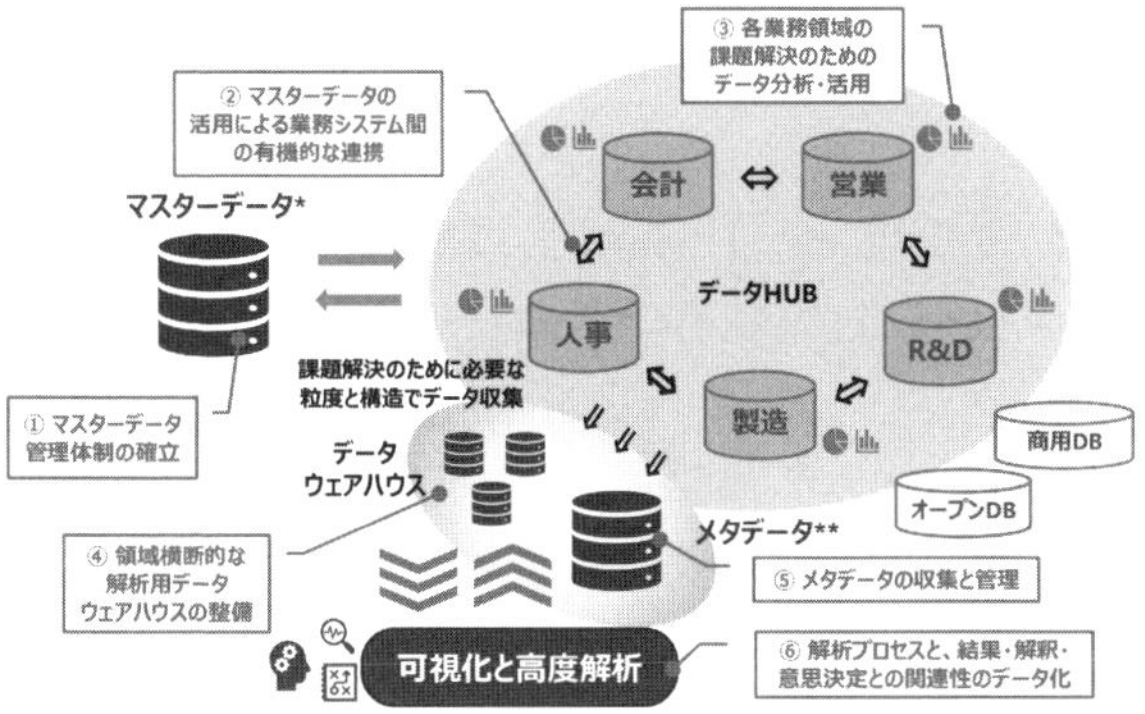


## 図6▶ 代表的な社内外のヘルスケアデータの比較

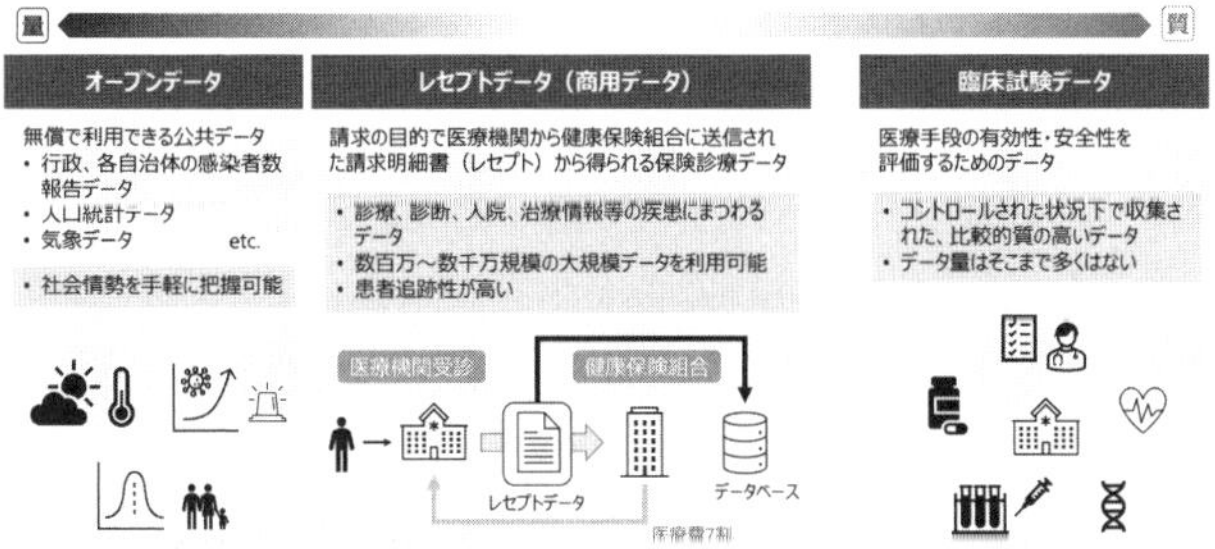

施する臨床試験や臨床研究のデータだけでなく、社外データも組み合わせて活用されます。有償・無償にかかわらず、どのようなデータが利用可能な状態にあるのかを個人個人がすべて把握するのは困難なため、CDMのデータをカタログ化することにより、「網羅的」にデータの所在と内容を「一括」で確認できるようになりました。

「会社全体をみたときに、購入している商用データの種類は多く、どのようなデータが利用可能なのかについては把握が難しい。しかし今はCDMにてカタログ化された外部データを確認したうえでデータを購入するかどうかを判断するというように、行動変容が起こりました。『手元にないならまずCDM』という意識が定着してきており、外部データの活用でこそCDMが威力を発揮すると考えられます。また、CDMにないデータに対しては、調達をリクエストする機能も備えています」

一方で、塩野義製薬では、誰もがすべてのデータを利用できるわけではなく、CDMの利用規約に従って提出されたデータ利用申請の内容をデータごとの管理者・責任者がレビュー・承認することによって権限を払い出しています。

「ＤＢ－ＤＡＯとして運営するにあたっては、どうしても精度（品質）の確保が難しくなります。データを使っている過程で不具合があれば随時報告してもらうような仕組みによって品質を向上させるよう努力もしていますが、精度（品質）だけではなく、鮮度（スピード）とのバランスで評価してほしいと考えています。なぜなら、一日でも早く利活用できれば、競合他社に先んじて有利にビジネスを展開できるからです。ただし、短サイクルで実行するような仮説検証は精度より鮮度、人の健康に関する検証などは鮮度より精度というように、重視する基準はケースバイケースです。どちらに重点を置くかについて関係者が合意できる共通基準の策定は、今後の検討事項の一つと認識しています」

## 新しい価値の創造とは？ それを実現するプロセスとは？

よく聞く言葉に「価値創造」がありますが、ビジネスにおける「価値」とは何でしょうか？ この抽象的な言葉をビジネスの現場で実現し、社員一人ひとりがその効果を認識することは、一般的になかなか難しいことかもしれません。

塩野義製薬はデータ基盤の構築によって、新しい価値の創造を目指しています。データ基盤の構築の効果としては、業務効率化やシステム運用観点の「コスト削減」に焦点が当てられることが多いでしょう。しかし、塩野義製薬の中期経営計画に強化ポイントとして記載されている「アンメットニーズ創薬」や、「販売力の強化」のような売上増加を期待することは難しいと思われる方が少なくないのではないでしょうか。極論ですが、企業にとっての「価値」とは、コスト削減もしくは売上増加により利益を増加させることに帰結します。塩野義製薬の利益率は、34％超と日本企業の中でも高い数値ですが、さらなる価値を創造するためにデータ基盤という「仕組み」だけでなく、データを活用する「プロセス」にも重点を置いています。

データサイエンス部では、観察→仮説設定→仮説検証→考察→意思決定（アクション）→観察……というサイクルを回しています。まずはビジネスを正しく理解し、価値創造のための仮説を立て検証する。そして、検証結果を考察し、施策を立案・検討・決定、行動する。このサイクルを高速回転させることで、新しい価値創造をより早く確実に実現しています。

塩野義製薬には、ボトムアップの自発性と自律性が企業文化・風土として根付いていることも、このプロセスを維持推進できる要因の一つかもしれません。また、このプロセスは、ビジネスの実態をデータで正確に把握する目的でも有用です。どの企業にもデータ自体は存在するため、管理レベルの差こそあれ、データマネジメント業務は存在します。しかし、そのデータが正確にリアルな世界を表しているとは限りません。

社内外の情報が統合されたCDMでは、見えるデータがリアルな世界と完全に一致していない場合もあることがわかるようになります。これにより、データの量が不足している課題やデータの質が不正確な課題も明らかになります。そして、観察から行動までのプロセスの実行によって、量と質の差分を限りなくゼロに近づけていくことができるでしょう。

最適化を図る判断とアクションを実行するためには、企業のリアルな実態を表すすべてのデータが統合管理されていることが前提となります。さらにいえば、フロントから人事などのバックオフィスまで含むデータを連携・統合することが、抜本的な経営課題の解決につながります。

「現時点では、各部門内で発生した課題を解決することが多いのですが、将来的には、企業活動の全体をカバーするプロセスに関連する複数部門が会社全体の課題をプロセス単位で解決する、という体制を組成することが理想的です。具体的には、プロセスオーナー（業務プロセスの責任者）とデータサイエンス部が密に連携し、全社的な課題から解決に向けたアプローチを決定し、それに必要なデータを特定しデータを拡充・統合する。このような組織体制を整備することで、持ち前の自律的に動く社風との相乗効果により、持続的成長を遂げることができるのではないでしょうか。ただし、横断的に活用されるデータについて、全社目線で見たときに整合性がとれるよう統括・管理するオーナーシップを『誰が』もしくは『どの部門が』持つかは検討の余地があります」

## グローバル展開&ガバナンス強化を目指して

塩野義製薬におけるDB－DAOおよびCDMの取り組みにおいて、

## 図7▶ データサイエンス部の役割

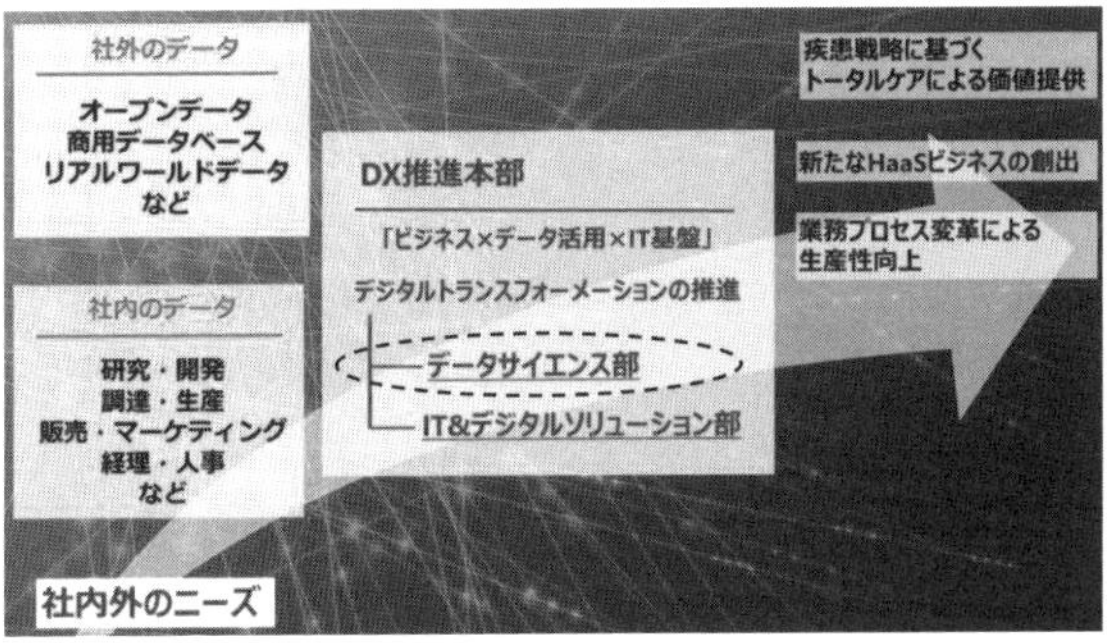


塩野義製薬データサイエンス職 採用HPより
(https://www.i-note.jp/shionogi/positions/data_science.html#TOP)

## 図8▶ データウェアハウスのデータ紹介

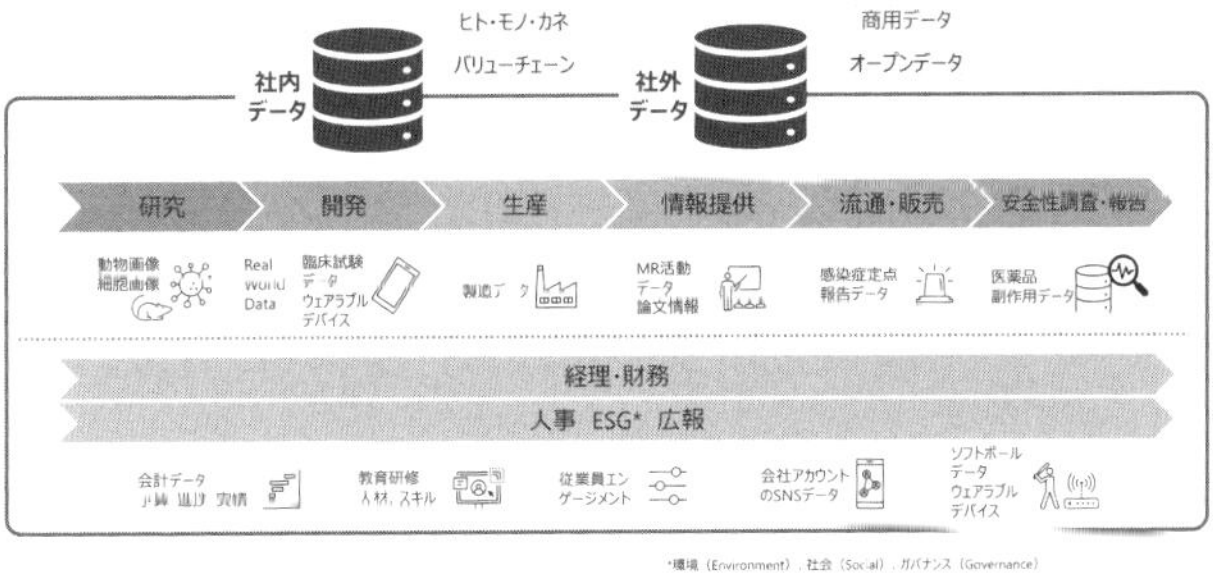

次に目指すテーマは「グローバル展開」と「ガバナンス強化」だといいます。

「今後は日本で確立したＤＢ－ＤＡＯやＣＤＭというデータ活用の標準モデルを、世界中のどの拠点でも利用できる世界を思い描いています。国固有の法制度や商習慣の違いはもちろんありますが、ヘルスケアは人類共通のテーマであるため、共通利用できるデータも多いからです。対象データの母数が増えることによって、解析結果の精度も向上し、新しい価値の量と質を改善することが期待できます。例えば、ある国で企画開発した新製品や新サービスを、他国でも展開できるかどうかの販売予測に関する仮説検証、製品ライフサイクル（成長期～安定期～衰退期）コスト管理などが考えられます」

ガバナンス強化についてはどうでしょうか。

「国や業務領域ごとに公開・非公開の基準が異なることを考慮して最適化することは、難易度が高いと考えています。統制レベルが弱すぎては機密性を担保できませんし、かといって強すぎてはデータ利活用範囲の拡大可能性を妨げてしまいます。部門横断で共通利用するデータを、自部門以外の部門が使用（二次利用）する場合、自分が持ち込んだデータが、どこでどのように使われるのかも気になるでしょう。データの種類ごとに、グローバル、リージョナル、ローカルのどのレベルで統制するか、更新や照会の権限を誰に付与するか、利用申請から承認までのワークフローをどう設計・運用するかなど、グローバル標準となるガバナンス方針策定に向けて検討しなければなりません。塩野義製薬では経営層から現場層まで共有されている『データ利活用が塩野義製薬の発展には重要』という認識のもと、社員一丸となってヘルスケアの未来を担う企業として、社会に新しい価値を提供し続けたいと考えています」

また、塩野義製薬は感染症流行の高精度予測を可能にしたデータ活用にも取り組んでいます。新型コロナウイルス、インフルエンザ、マイコプラズマ肺炎など感染症の種類は多く、すべての情報を手作業で網羅的に収集する作業は膨大な時間を要することもあり、従来の感染症の流行時期・エリアの予測は、十分にできていませんでした。塩野義製薬が構築した「感染症ダッシュボード・アラートシステム」では、世界中の感染症情報を自動で収集し、数週間先の流行を高精度で予測して警告を通知することで、社内での迅速なアクションの実施に貢献しています。塩野義製薬のデータ活用技術が、流行する時期に合わせたワクチン生産量や流通量の調整、流行の兆しがある地域の営業活動の強化など、事業活動にも役立っている一例です。今後ますます、データ活用範囲が広がっていくことでしょう。

文責：大熊菜穂


**参考資料**

中期経営計画STS2030Revision
https://www.shionogi.com/content/dam/shionogi/jp/investors/ir-library/presentation-materials/fy2023/STS2030_Revision.pdf

SHIONOGI DATA SCIENCE FES
https://www.shionogi.com/jp/ja/recruit/recruit_datascience_topics_01.html
https://shionogidsfes2023.peatix.com/?lang=ja

EnterpriseZine Press、塩野義製薬のデータサイエンス戦略と実践
——データ駆動で目指すヘルスケアの未来
「SHIONOGI DATA SCIENCE FES 2024」レポート
https://enterprisezine.jp/article/detail/19340

## 図9▶ 感染症ダッシュボード・アラートシステムの概要

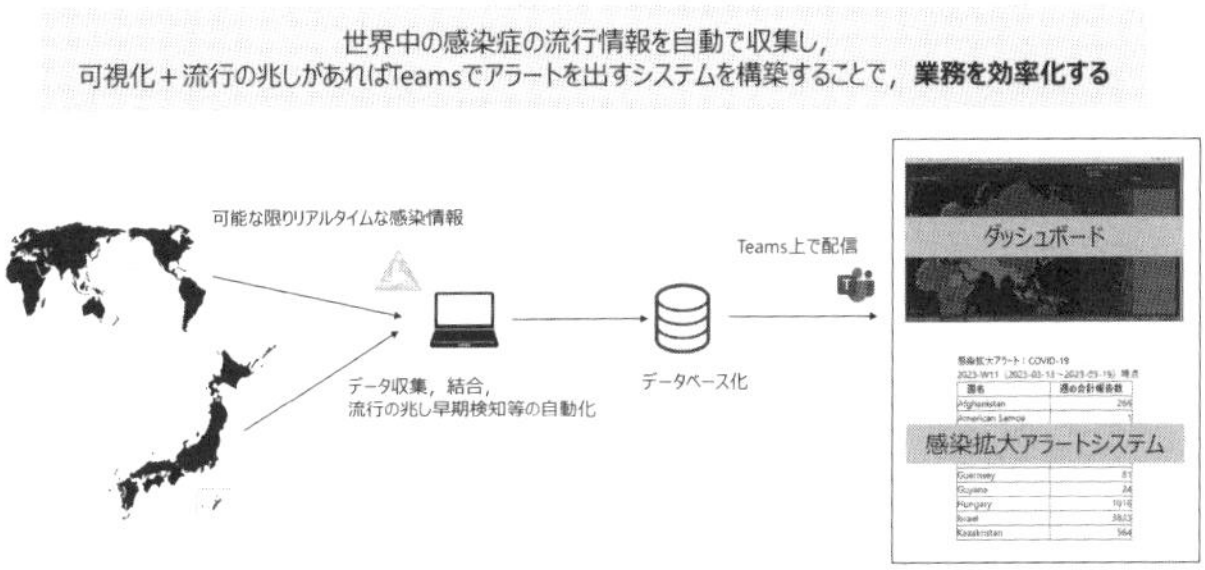


## 図10▶ 流行の兆しのアラート

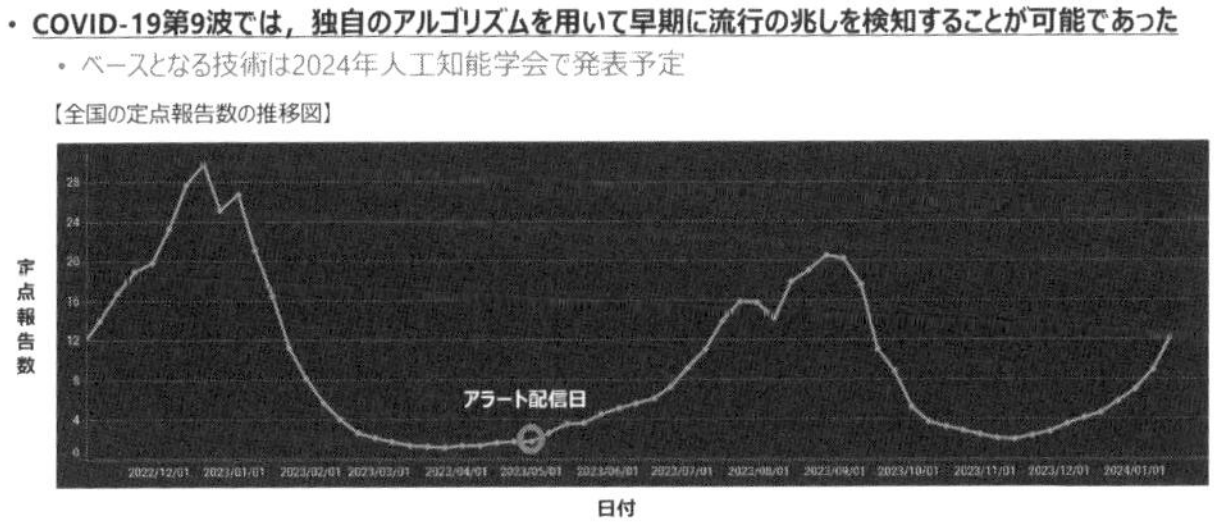


データ引用：厚生労働省、感染症に関する報道発表資料
https://www.mhlw.go.jp/stf/seisakunitsuite/bunya/kenkou_iryou/kenkou/kekkaku-kansenshou/index.html

Case summary 03

ProFinda

# リスキリングの成果を活かす、エンドツーエンドのデータ活用

企業名……ProFinda

所在地……英国ロンドン

事業内容

タレントとスキルを管理しAIによるプロセスを展開することで、タレントマーケットプレイスを実現するソリューションを提供。SAPパートナーとして、プロフェッショナルサービス事業向けのソリューションを開発・販売。ProFindaのソリューションを使って、監査法人やコンサルティングファームなどの事業者は、プロジェクトやチームへの人材のアサイン（割当）を行っている。

※個々の業務の秘匿性が高いため、本稿はProFinda社が一般化した事例とホワイトペーパーをもとに、人事領域におけるデータ分析と活用の事例をまとめました。

ビジネスの成果は売上・利益・コスト・在庫・出荷量など数字で表すことができます。企業の事業の状況をつないで一つのデータベースで表現し、これらのデータを活用すれば、業務は自動化し、経営判断も容易になります。しかし企業の中にあるデータは、お金や在庫と違って、数字にしやすいものばかりではありません。昨今語られる〝人材の価値〟のデータを活用するにはどうしたらよいのでしょうか。

従来、日本企業は人を大事にする、人材に対する投資が大きいと語られてきました。ところが昨今「日本企業は、従業員エンゲージメントが低い」「日本のホワイトカラーの生産性は低い」などの報道がなされ、これまでの人材管理に疑問が呈されています。実際、企業における人的資本投資の国際比較統計を見ると、米国・英国などではGDP比1％以上が企業内でのトレーニングなどに投資されているのに対して、日本は年々減少しており、2010～2014年平均で0・1％程度。[※1]量的な点でも日本企業が人材に投資をしてこなかったのが明らかです。

それらを反省してか、リスキリングやアップスキリング、あるいは学び直しというキーワードが、経営課題だけでなく政策課題としても取り上げられています。しかし、社員を育成してスキルを獲得させると、直接的に生産性が向上するものなのでしょうか。今回取材したProFindaは、人材データを活用して人材アサインの業務を大きく変えることで、人材を活用するプロフェッショナルサービス事業における社内文化の改革を目指しています。この事例から、人材データの活用の環境と心構えのヒントを引き出したいと思います。

## 人材活用のビジネスプロセス

人事のプロセスは複雑です。企業は、従業員を採用し、育成し、業務に任じます。業務あるいは従業員の条件変化で、異動などの可能性もあれば、退職もあります。これには、採用やキャリア開発といった事業側の戦略にひもづく面もあれば、入社オンボーディングや勤怠管理のような現場での業務面もあります。さらに従業員個々人のキャリアの成長を支援する面もあり、それら全体が相まって、従業員側から見た就業の体験価値が決まってきます。SAPは図11のように、人的資本にかかわる

図11▶ SAPソリューションによる人材管理の全体像

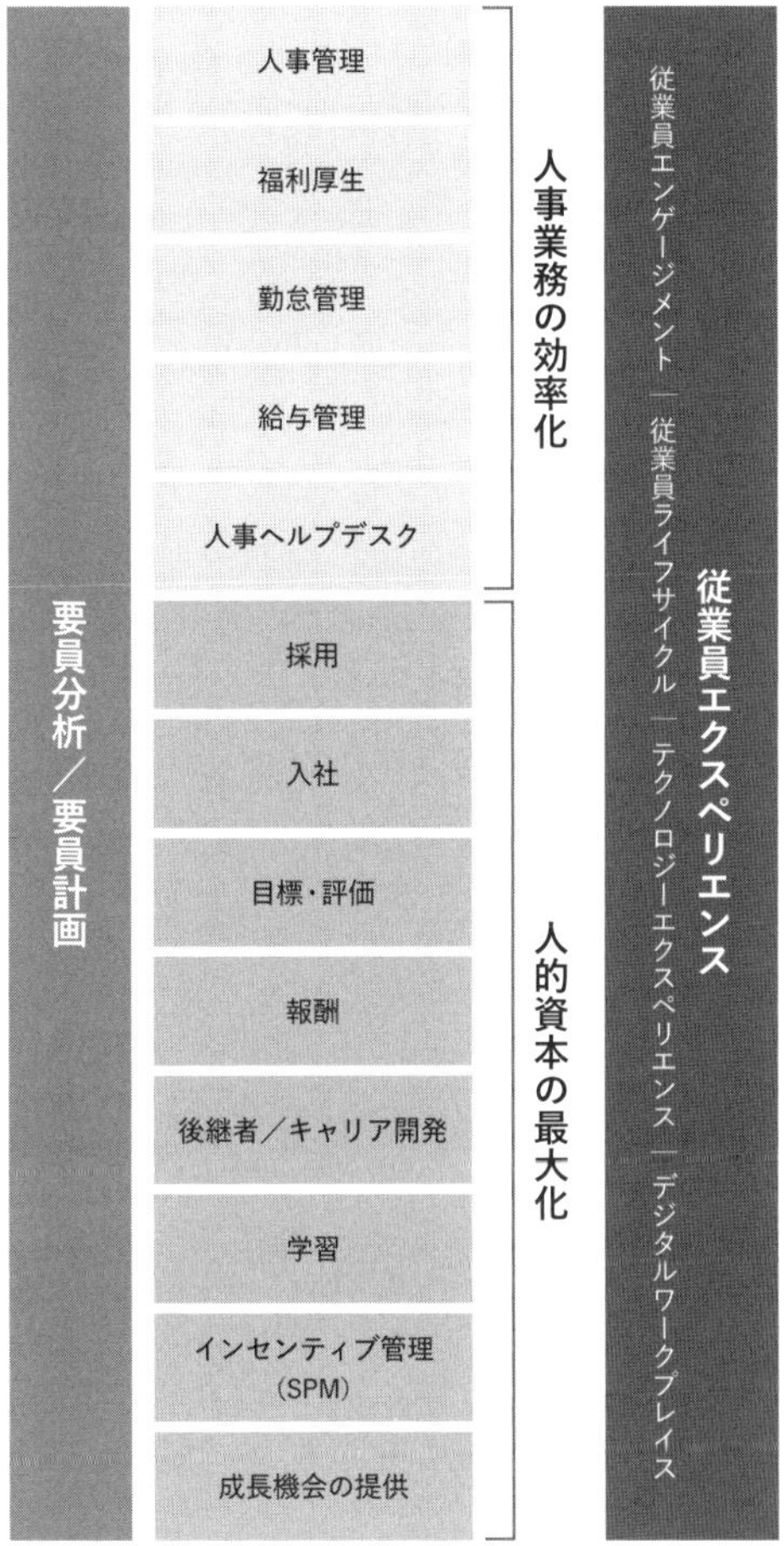

広範囲のプロセスをHire-to-Retireと名付け、プロセス全体を一気通貫で統合管理することを目指して、顧客への提案を進めています。

これまで、日本企業の多くは未就業の新入社員を新卒採用し、現場でのＯＪＴを中心とした育成を進めることで、企業全体の人材価値を高めてきました。その点で、あまり明示的な育成費用をかける必要もありませんでした。しかし、環境が大きく変わる現代、企業が今まで自社内でやってきたことだけではこれからの事業ができません。従業員の育成を現場任せにした結果、「デジタルトランスフォーメーション」のような新しい取り組みを行う従業員が足りない事態になったのではないでしょうか？

そこで、慌てて「データ分析」や「ＡＩ」などの市場で人気といわれるスキルのトレーニングを社員に受けさせる企業を見かけますが、思いつきで特定のスキルを教育しても、スキルを発揮する機会がなければ定着もままなりません。

筆者がディスカッションしたＳＡＰの顧客企業の中には、従業員のスキルを重要視し、それを正確に判断できるようにするため、社内で必要とされるスキルを網羅的に把握する取り組みを始めているところもありました。スキルの種類だけで数万を超える膨大なリストを作成し、業務で必要とされるスキルとのギャップを把握して、埋めるためのトレーニングを実施することが目的とのことです。

しかし、これで課題の解決になっているのでしょうか。投資をして身につけたスキルが、自動的に売上を生み出すわけではありません。スキルを持った人材を、スキルを必要とする現場の組織に明示的に配属・アサインして、初めて業務に適用することができます。育成の視点だけでなく、職務定義に先のスキルのリストを連携させ、組織への配属・アサインまでつなげて考えなければ、スキルの収益化に対する寄与が判別できません。

業務に対しては、技術やスキル以外のものも求められます。チームとして働くためのコミュニケーション力や、課題が生じたときに対応するための対応力、難しい局面でもあきらめない粘り強さ、あるいはチームを率いていくリーダーシップなど、個々の人材の性質(コンピテンシーと呼ばれます)も考える必要があり、これも、職務定義のグレードなどと連動させて管理する必要があります。

また、リモートワークが盛んになってきたとはいえ、従業員の居住地から遠く離れた就業場所をアサインすることはできません。すべての業務を一度も顔を合わさずに進めるのは現実的ではないでしょう。

経営環境に合わせて変化する業務を支えることを考えると、前述の「数万行のスキル定義」「コンピテンシーによる人材のレベル」「居住地などの就業条件」といった複雑な条件を考慮して、組織やチームとしてのパフォーマンスを最大化するような組み合わせを作るのは難しそうです。

さらに、人材をアサインされる側の組織も、事業環境の変化に応じて激しく変わってきています。読者の皆様の会社でも、従来、定常的に存在した「部・課・係」などの組織が「プロジェクト」と呼ばれるようになっていませんか？　これらは多くの場合、数年以内、場合によっては数カ月といった短いライフサイクルで現れては消えることが想定されています。プロジェクトとなった組織はライフサイクルが短くなっている分、人材を配置する頻度も増えます。その度ごとに必要とされるスキルなどの条件を変えてアサインの頻度と複雑さが増してきています。

もちろん、アサインされる側の人材が無尽蔵にいるわけではありませんから、特定の人材を前のアサインから次のアサインに切り替えるタイミングや、それに伴うスケジュールの管理も大事な要素になってきます。単純なスキル管理だけでなく、こうした必要スキルの把握、育成計画と実施、組織へのアサインといったサイクルをエンドツーエンドで組み立て、速いスピードで回していくことが、これからの人材管理に求められています。

## プロジェクトへの人材の割り当て

今回ご紹介するProFindaは、監査法人やコンサルティングファームにおけるアサインの難しさを解決するために製品を開発しています。スキル、コンピテンシー、コンプライアンス、経験値や、スケジュールとロケーションなどの条件をさまざまなデータベースから引き出し、AIによるデータ分析を行うことで、最適な人材のおすすめを作ることができます。彼らの顧客事例から、その様子を見てみましょう。

英国で事業を営むＫＰＭＧはビッグ４と呼ばれる世界四大監査法人の一つです。会計監査、税務、戦略コンサルティングなどを提供するグループで、英国の法人は、合計2万人を超える会計士とコンサルタントを抱えて、延べ数万の顧客にサービスを提供しています。

会計監査の仕事は、顧客ごとにチームを作り、おおむね1年かけて監査業務をプロジェクトとして提供します。年末から3月頃に決算の締めを迎える企業が多いため、毎年度末に監査チームの人材計画を立て、約7000人の会計士を、1万を超える顧客プロジェクトに割り当てます。そのうえで、この人材計画によって、監査の公正さを高め、かつ効率よく業務を進捗させることを目指します。

会計監査はプロジェクトであり、1人以上のパートナーに加え、マネージャー、インチャージ、スタッフなどのレベル分けされた従業員が必要数、割り当てられます。たいていは5人くらいから、大きなクライアントでは100人を超えるようなチームを構成します。一つひとつのプロジェクトで求められるスキルや業界に対する経験に合わせて、アサインする個々の人材が適切かどうかをチェックしなければなりません。

## 図12▶ ProFindaの機能とベネフィット

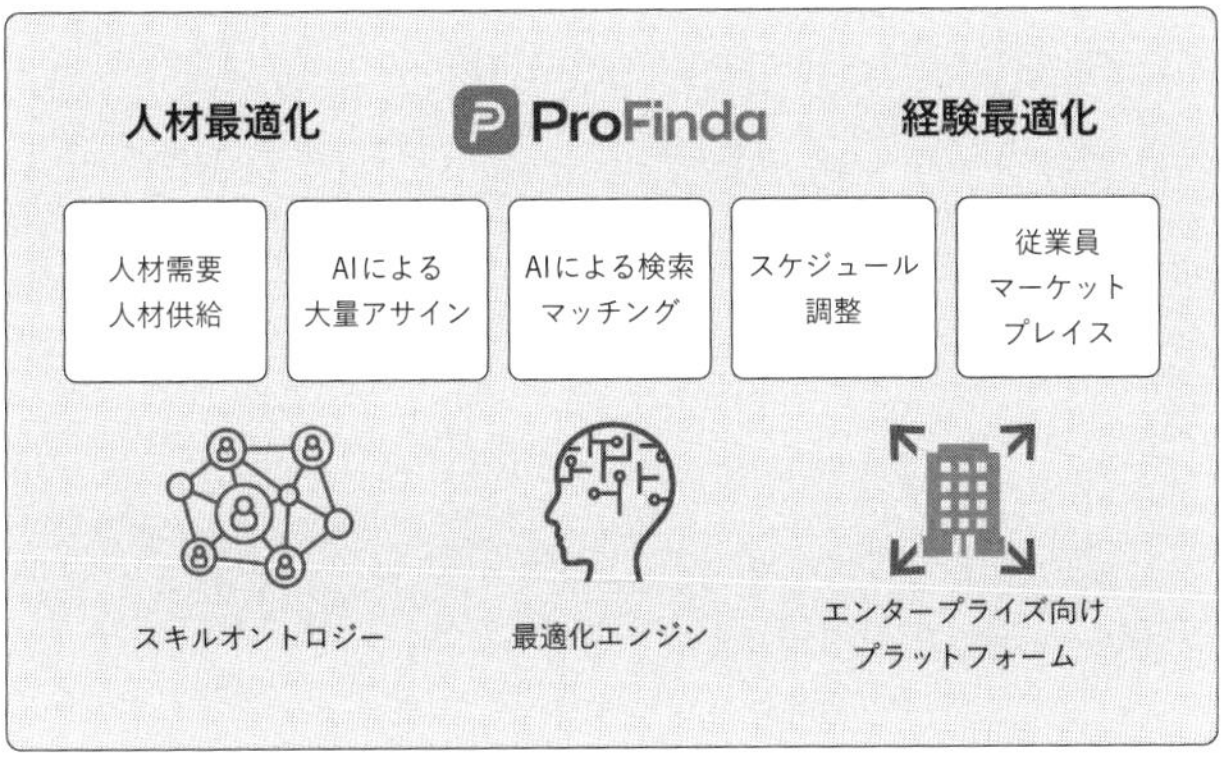


**手作業人材管理から脱却**
人材担当を支援して
高収益に向けて稼働率を向上

**素早い人材検索**
100万以上のプロファイルから数秒で
最適な人材を発見

**収益と人材の経験の増加**
プロジェクト人材のベストマッチで
プロジェクトを成功に導く

**広範な実績**
KPMG、EY、Deloitteなど
グローバル有数の企業で利用

さらに監査の品質を高めるための業界標準の品質プログラム（ＩＳＱＭなど）があり、アサインする人員の習熟度が十分か考慮する必要があります。

直面する業務遂行だけでなく中長期的な配慮も必要です。経験豊かなシニア人材と、やる気にあふれたジュニア人材を組み合わせて、将来に向けた育成を考慮します。パートナーなどのシニア人材の定年退職が想定される場合は、あらかじめ後任のリーダー候補を設定します。クライアント企業の変革ステージには、対応力の高いチームづくりが欠かせません。このような条件を考えて、それぞれのプロジェクトに最適な人員を割り当てる必要があります。

これらのアサインを行うため、ＫＰＭＧはＳＡＰソリューションによって、スキルや経験などの膨大なタレント情報を完全に管理していました。それでも、このマッチング作業を実施するためには、ありとあらゆる可能性を突き合わせて判断する必要があります。以前は1年の人材計画を作るのに35人ものリソースマネージャーが中心となり、各部門から延べ50人の協力を得て、毎年４カ月かけて作業していたようです。人材に対する詳細なデータを作り、一つにまとめて分析できる環境をつくるだけでは十分ではなかったのです。

そこで、人員が日々新しいスキルや経験を獲得し、プロジェクトにアサインされている状況をダイナミックにとらえ、自動的に個々の顧客プロジェクトの要件とマッチングする機能が望まれ、ProFindaを導入しました。ProFindaはAIを使って膨大な人材データを分析し、アサインについての条件の判定を行い、人員の割り当て計画に対して、最適なおすすめを作成します。

人が勘と経験で組み立てるよりも、スキル情報に基づいて公平で、細やかであらゆる条件に配慮した形で会計士の割り当てを行います。このソリューションによって割り当てにかかるスピードはたったの2週間、つまり8分の1に短縮され、作業を行うリソースマネージャーもたった6人で済むようになりました。

労力の削減だけではなく、日々変化する人材の条件が変わらないうちにチーム構成を作ることができるので、人員全体のスナップショットが取れます。どうしてもＡＩだけでは判断できないところを、エキスパートのリソースマネージャーが調整することで、バランスの取れたチームのアサインができるようになりました。

従来は、人員計画後にも調整が必要になり、外注で人員を補ったり、アサインされた後に足りないスキルのトレーニングを行ったりすることがありましたが、そういった調整も不要になりました。人材にとって本質的に重要な学習計画などに注力し、余裕を持って人材管理業務に取り組むことができるようになりました。

## 人材流通基盤の構築

このように人材データを活用すれば、人材育成とアサインをつなげることができます。しかし人材管理には、ほかにも多くの課題があります。

例えば、転職が一般的になりつつある現在、多くの企業が離職率を低減させる方法に悩んでいます。一つの方策として、従業員のキャリア育成を支援し、従業員エンゲージメントを向上しようという取り組みを見ますが、それだけでは十分とはいえないようです。

そこでProFindaは、データで社内文化を変えることを提唱しています。優秀な従業員にとっては、キャリアアップできないことが離職の大きな原因の一つとなります。そういった優秀な従業員に、数多くの業務経験を与えることは、キャリアを形成するうえで得難い機会となり、リーダーシップなどのコンピテンシーを育てます。

従来の日本企業はそういった機会を、ジョブローテーションという数年単位の半強制的な人事異動による現場経験という形で与えてきたかもしれません。しかし、人事部と各事業部門が交渉して職場を設定し、ポストを与えるようなやり方が、流れの速い今の時代に合ったキャリア育成に役立つのでしょうか？　また、個々の従業員が自分で考えるキャリアプランに合わせることができるでしょうか？

そもそも今は、ポストが足りないのではなく、スキルが足りない時代です。人事部が想定した範囲の施策だけでは未来を切り開く社員は生まれません。

ProFindaはこういった局面で、社内での人材流通を活性化することを推奨しています。[※2]現にKPMGでは、アサインに使われたスキル情報や、業務で必要とされる要求を従業員自身が活用できるようにして、従業員が主体性を持って自身のキャリアを選択し、自身のスキルセットや経験を活用する機会を増やしています。こうすることで、従業員自身のキャリア育成に対するモチベーションも、事業に対するエンゲージメントも高めて、離職率を下げることを目指しているのです。

こういった取り組みはKPMGだけでなく、世界の企業で多く取り入れられつつあり、人材流通基盤としての「タレントマーケットプレイス」と名付けられて、次世代の人材管理のモデルとされています。[※3]

成長する企業は従来行ってきた現場での業務を自動化し、その業務を改革することこそ、従業員が行うべきとして位置づけています。それによって、よりスピーディーな新製品開発、より迅速な新技術の導入を目指して、定常的な組織と固定的な人事配置から、プロジェクトによる業務運営に切り替え、短期的な業績と長期的な価値創出の両方を牽引しています。

その中で人材が生き生きと活躍するためにも、タレントマーケットプ

## 図13▶ ProFindaの提唱するOpportunity Marketplace

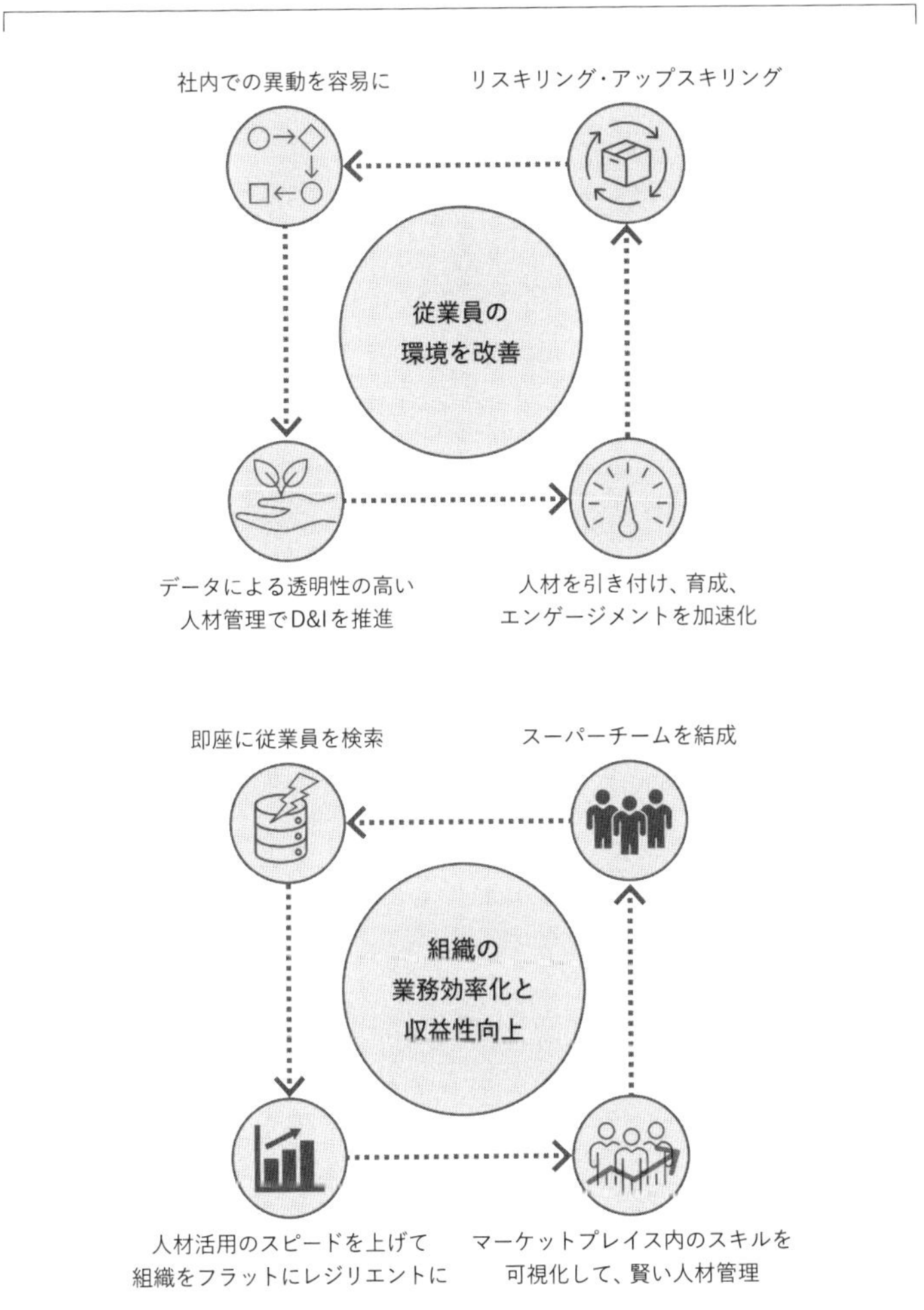

レイスは有用な一手だといえます。スキル情報などの人材データを、透明性を持って管理することで、個々の従業員がどのようなスキルが必要とされるのか容易に理解することができ、キャリア形成のためのモチベーションを高めます。これらの従業員が、多様なプロジェクトを経験することで、従業員のリーダーシップ・問題発見力・革新性などのソフトスキル（習慣や特性）を高めることが期待できるのです。

## リスキリングを事業戦略に結び付けるために

これまでスキル情報などは人事部でクローズドに管理されてきましたが、リスキリングを事業戦略に結び付けた活動にするために、日本企業はもっと透明性を持った管理を考えてもよいかもしれません。従業員のスキル情報を正確に把握すると同時に、個々の業務が必要とするスキルの要件を公開することで、社内の人材流通を促進し、社内の人材市場＝タレントマーケットプレイスとして運用することができます。

職務や職種に対するスキル要件が明確であればあるほど、人材のマッチングは最適化され、業務の効率は高まります。同時に、従業員の業務に対するコミットメントや、業務達成後には企業に対するエンゲージメントも高まるでしょう。今後の人材育成計画に向けた戦略も自ずと立てやすくなります。

ユニリーバやボーダフォンなどの企業は、タレントマーケットプレイスを導入することで、従業員が自身のキャリアパスを主体的に選択し、社内での挑戦ができるようにすると同時に、社内の業務において必要とされるスキルをカバーして生産性を高めることに成功しています。グーグルでは、これを社内の文化にまで高めようとしています。

採用・育成・アサイン・評価というような作業単位で個別に考えるのではなく、人材管理の業務プロセスをエンドツーエンドでとらえてプロセスを組み立て、透明化されたデータ活用によって、企業を次のステージに乗せることが肝要です。漫然とデータを収集して管理するのではなく、これらの活動を円滑に進めるためにこそ、人材データを使うべきだと筆者は考えます。

文責：久松正和

# 総括――〝分析〟と〝処理〟がデータの両輪

データドリブン経営とは、データに基づいて経営の意思決定をすることを指します。しかし〝データ〟という言葉の定義が広すぎるため、残念ながら、どのような種類と精度と粒度のデータで、どのような経営の意思決定をするのかについて、十分な議論がされないまま、データドリブン経営という言葉だけが一人歩きしている状況です。

経営者から現場までの縦軸のデータが減衰しないこと、バリューチェーンの横軸のデータが一元化されていること、今この瞬間のデータを見て判断するという鮮度、意思決定を支えるデータの十分な粒度と精度など、さまざまな角度から、極めて信頼度の高いデータが必要になります。もしこのようなデータが縦横のバリューチェーンで分断されていたら、経営者が意思決定できるほどの材料にはならないのです。

また、会社の中でも事業部単位で管理指標がバラバラだったり、親会社と子会社とで違う指標を見ていたりすると、データはとたんに精度と鮮度を失ってしまいます。異なるものを見ているということは、ある人は「私は昨日、Aという実績を見ました」と話し、別の人は「いや、自分たちは一昨日にBという実績を確認しました」という具合に食い違いが発生します。どちらも事実を見ている可能性はありますが、分析方法や視点の違いによって、異なる結論に至る場合があるのです。ましてや、海外現地法人が赤字だったという報告が30日後に送られてくるような経営をしていては、自社の「今」を見ることはできません。こうした事態を防ぐためにも、情報を一元化し、精度と鮮度を最高の状態に保つ必要があります。そうしなければ、正しい経営の意思決定ができない時代なのです。

ここまで読んでいただいてお気づきかもしれませんが、これはChapter 3の企業が経営改革前に苦しんでいた経営課題と全く同じです。

つまり、データを分析する局面と、データを生み出したり、処理したりする局面の両方が車の両輪のように重要だということを、ご理解いただいたと思います。

Chapter 3でとりあげた企業は実にさまざまな業態でありながら、データを〝資源〟として活用したり、目標とする状態を目指して活用を進めたりしています。また、海外では巨大企業ですら管理指標を一元化し、同じ情報を見て経営し、データを分析しています。

政治学の観点から見ると、天然資源を持たない国がとる政策は人材育成ですが、日本はその人口も減っていくので、頼るべき資源はデータです。

人口減にも、天然資源の少なさにも、地形の厳しさにも、データは影響を受けません。顧客の困りごとのデータを持てば競争力の源泉になり、新規ビジネスの種になります。なにより社内や、自社と顧客とで情報を共有する際、データは一瞬で地球の裏側に到達します。

## データが生命線になる理由

『ワールドクラスの経営』の共著者の一人である昆政彦氏は、がんと闘いながら2020年1月にスリーエムジャパンの代表取締役社長に就任し、翌年4月に亡くなりました。前掲書は、まるで昆氏が日本企業へ遺言として残したような気迫に満ちたものですが、冒頭で共著者たちが、以下の三つの質問を投げかけています。[※4]

質問1：世界中のキャッシュが数えられるか？
質問2：世界中のタレントが見えているか？
質問3：自社の方向性を明確に示せているか？

〝グローバル経営〟と書名にあるくらいなので、海外企業はこのくらいのデータを当たり前のように把握しながら、世界市場で競争しています。

筆者が同じように、この質問を多くの日本企業に問うてみたところ、「いいえ」か、「できていないがやりたい」というお返事が多かったのです。しかし、これらが把握できていないと、経営者が事実を根拠として短期・長期で意思決定することは難しいでしょう。モグラ叩き的に対処したり、今できる仕事を維持したりすることに相当な労力がかかってしまうためです。

## 「手段」と「目的」を明確に区別する

Chapter 3の事例でとりあげた3社は、データを無機質なものととらえるのではなく、「データを使って何をするのか？」という問いを立てながら、組織を変えるための努力を積み重ねています。データ活用やシステム化のプロジェクトは、何が目的なのかがわからなくなることがよくあります。しかし「何のためにやるのか」を明確にし、強い意思で取り組まないと、目的を達成することも、効果を出すことも難しいというのが実情です。

これはROIC（投下資本利益率）経営でたとえるとわかりやすいでしょう。ROIC経営の導入そのものは目的ではなく、導入しても効果は出ません。そうではなく、ROICをKPI／KGIに分解して経営資源の投下と撤退を判断することと、ROICがWACC（加重平均資本コスト）以上に成長しているかどうかを確認するのが目的です。

データ活用も、デジタルトランスフォーメーションも、ERPも、目的ではなく手段でしかありません。目的は何かというと、変わり続ける環境に合わせて企業が自らを改革し、成長した結果、ステークホルダーを幸福にするという、会社の原則を遂行することです。

実情として、「システムを老朽更新してデータ活用基盤を作る」や、「データをデジタル化する」という目的のプロジェクトを目にします。しかし、経営目標の具体化ができていなければ、これらのプロジェクトの目的は、スローガンの類いと変わりません。経営課題やそれを解決する施策の多くが具体化する過程であいまいになり、目的が失われる様子を筆者は見てきました。

デジタル化やデータ一元化を通じて、どのような経営や組織文化を作り、どのような成長路線に乗せたいのか。目的は極めて重要で、このような仮説検証に基づいた目的がなければ、システム化であろうと、経営戦略であろうと、プロジェクトを成功させるのは難しいことです。

〝手段〟は簡単に〝目的〟にすり替わってしまうし、あいまいな目的のもとで進めたプロジェクトは迷走しやすいものです。そして、迷走したプロジェクトが本来戻ってくる場所は〝本来の目的〟なのですが、それがあいまいでは、軌道修正は不可能に近いといえます。企業活動に携わるすべての経営者や従業員は、目的を具体的に描くことと、仮説検証を続けることを推奨します。

また改革の効果として、業務標準化、属人化排除、共通言語化、データ一元化などの抽象的な言葉を使うのも避けたほうがよいでしょう。これらは現象であって、効果そのものではないためです。

現象ではなく、そこから起きた業務や従業員の行動の変化が、業務効果です。例えば、業務標準化してローテーションが可能になった、共通言語ができたから営業と工場が自律的に相談をし始めた、データが一元化されたから子会社を含めたグループ全体のキャッシュと在庫が把握できるようになった、などということです。

さらにいえば、業務効果ではなく、経営効果を重視したいと考えます。先述の業務効果の結果、経営者が即断即決して事業撤退したとか、グローバルで在庫を一元管理したことで、R＆Dと生産を最適配置して一つの企業に融合したといったことが、データドリブン経営の真の効果です。

データ活用ツールを導入することと、組織が仮説検証する力を持つことには相関関係があると言われています。「データ活用ツールを導入したから、データ活用する組織ができる」とか「組織が未熟なのでデータ活用ツールが導入できない」とかの問題ではなく、この両者を同時に育成しなければなりません。この二つは車の両輪なので、片方で起こっている課題だけを見るのではなく、企業活動全体を見渡して、打ち手を講じることが重要です。

## 考えるべきは、企業全体の「整合性」

企業戦略の整合性をあらわす経営フレームワークである、マッキンゼーの7Sを用いて考えてみます。[※5]（図14）

データ活用ツール（システム）を導入し、データサイエンティスト部（組織）を作るというのは、やろうという強い意思と計画さえあれば短期で行うことができます。これを〝ハードS〟と呼びます。

しかし、全社のデータ活用スキル（組織としての能力）や、仮説検証を是とする考え方（価値観）などは勝手に身につくものではありません。どのような組織にも慣性が働き、現状維持であったり、新しい状況に順応するために時間がかかったりします。これを〝ソフトS〟と呼びます。

システムを入れただけ、組織を変えただけ、部署を作っただけ、人材を雇っただけ、経営理念を変えただけでは、組織は動かないものです。

〝ハードS〟と、中長期的に経営者が育成しなければならない〝ソフトS〟の整合性をとる必要があります。それができたときに初めて、〝経営が変わった〟という状態になります。企業を俯瞰的かつ網羅的に考える経営者と、七つの要素の整合性をとろうとする組織があれば、マグマのような変革のうねりが出るものです。

データドリブン経営にはデータドリブンな組織が必要です。そして組織を構成しているのは人ですので、従業員がデータドリブン思考でなければ、データドリブン経営を実現するのは困難です。ＲＯＩＣをＫＰＩ／ＫＧＩツリーに分解していくのと同じように、企業を従業員まで分解していけば、企業の構成員である従業員がデータドリブン思考を習得し、行動変容を起こすことが大事だとわかります。

本書でたびたび論じているように、表計算ソフト等と格闘したり、報

図14▶ マッキンゼーの7S

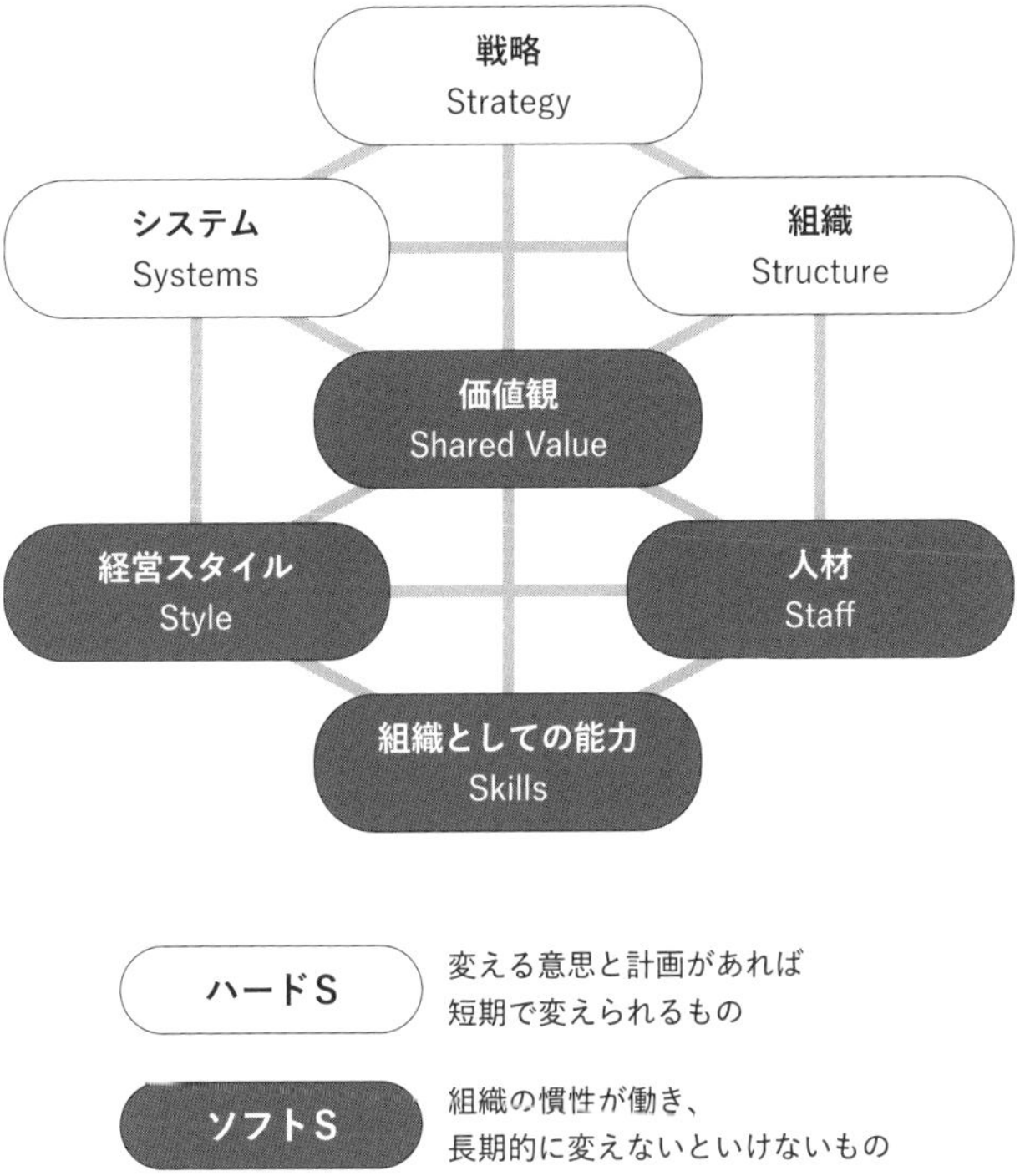

告書を作ったりすることは、〝忙しい自分〟と格闘することはできますが、本質的な仕事ではありません。顧客に良い提案をしたり、良いモノを作ったりすることこそが仕事の本質です。日本企業の一人でも多くのビジネスパーソンに、本質的な仕事にシフトしてほしいと考えます。

その実現に向け、従業員が仕事の本質に専念し、仮説検証できる組織文化を経営者に作ってほしいと筆者は願います。

文責：宮本裕司

**引用・参考資料**

※1…経済産業省「未来人材ビジョン」２０２２年5月

※2…ProFinda, " Opportunity Marketplaces - The new Human Capital Operating System"
https://www.profinda.com/resources/#whitepapers

※3…Bo Cowgill, Jonathan M.V. Davis, B. Pablo Montagnes, Patryk Perkowski, and Bettina Hammer. "How to Design an Internal Talent Marketplace", Harvard Business Review, 2023.
https://hbr.org/2023/05/how-to-design-an-internal-talent-marketplace

※4…橋本勝則、昆政彦、日置圭介『ワールドクラスの経営』ダイヤモンド社、２０２０年

※5…Tom Peters. "A Brief History of the 7-S ("McKinsey 7-S") Model". Tom Peters! Blog. 2011.
https://tompeters.com/2011/03/a-brief-history-of-the-7-s-mckinsey-7-s-model/

# Chapter 4

# 社長が語る経営の本質

## Dialogue

萩原工業代表取締役社長 **浅野和志**氏

× 生方製作所代表取締役社長 **生方眞之介**氏

経営改革の必要性に迫られる日本企業ですが、ここまで本書では「経営トップのコミットメントが重要である」と論じてきました。では、企業の頂点に立つ社長はどのような景色を見て、何を重視しているのでしょうか？

実際に経営改革を実践している社長お二人に対談していただきました。

## ニッチトップが手掛けるソリューションの数々

**浅野**　萩原工業で代表取締役社長を務めている浅野和志です。私の考えが読者のお役に立てるかわかりませんが、お話をさせていただきます。

当社は、フラットヤーンという強くて平らな糸を活かしたモノづくりをしています。主な製品がブルーシートや、コンクリートの耐久性を高めるバルチップ。また、材料を送り出して任意の幅で切断し、切断された材料を巻き取るスリッター機械といったものも製造しています。扱っているものが、社会インフラを支える防災用品ですので、被災地に安全を提供するという使命を負っていると考えています。

## Company Data

HAGIHARA
萩原工業株式会社

企業名……萩原工業株式会社
所在地……岡山県倉敷市
年商…………312億円（2023年度）
従業員数…連結 1,297名（2023年10月現在）

事業内容

合成樹脂繊維「フラットヤーン」を用いたシートや補強繊維、およびフラットヤーン技術を応用したスリッター等、産業機械の製造・販売。

経営理念

萩原工業はフラットヤーン技術を大事にしながら常に変革し続け、世のため人のために役立つ会社であろう。

**生方**　生方眞之介です。生方製作所で2023年に代表取締役社長に就任したばかりの生方眞之介です。地震を感知するとガスや電気を止める感震器や、エアコンのモーターが焼損するのを防ぐモータープロテクターという機器を作っています。私たちの製品は安全を届ける〝サイレントヒーロー〟だと考えており、完成品メーカーを陰で支えていますが、国内市場では93％のシェアを持つニッチトップです。

自慢話のようで恐縮なのですが、おかげさまで2022年、「Forbes JAPAN」のスモール・ジャイアンツという企画で、当社を取りあげていただきました。[※1]企業規模の大小を問わず、唯一のものを作ったり、世界に挑戦したりする気持ちが大事だと思うんです。

**浅野**　ニッチトップというのが私たちの共通点ですね。当社の年商の約10％を占めるブルーシートを国内製造しているのは当社だけです。つまり、〝ブルーシート製造業〟という業界が国内に存在しないので、業界規格がないわけです。ところが、安価な輸入品と当社の製品は耐久性が全く異なっていて、輸入品はすぐに破けてしまう物が多いです。被災地

## Company Data

株式会社 生方製作所

企業名……… 株式会社生方製作所

所在地……… 愛知県名古屋市

年商………… 約100億円（2023年度）

従業員数…… 単体203名（2023年度）

事業内容

世界中の人々に“安全”を提供するべく、感震器やモータープロテクター、高電圧直流遮断器の製造・販売。

経営理念

社会にとって存在意義のある会社、
社員のため、個人のため、人類のためになる会社や工事現場では、安全に長期間使えるよう、耐久性のある製品が求められます。ホームセンターでお求めになるお客様は「安ければそれでよい」という嗜好が大半かと思いますが、そういうセグメントではなく、自治体や企業に向けて、当社の製品がお役に立つことを説明しています。

**生方**　安全を提供するということも、私たちに共通していますね。

漫然と経営していると競争にさらされてしまうため、技術を磨くのはもちろん、短納期で勝負をかけるようにしています。世界市場でもシェアが大きく、アメリカと中国でビジネスをしているので、私たちもグローバルニッチトップを自負しています。

## 経営の本質は何十年も変わっていない

**生方**　私は社長に就任してからというもの、高度成長期の経営者について改めて学んでいますが、何十年も前の経営者が考えたことが、今でも通用すると気づきました。つまり〝本質は同じ〟なのだと。

萩原工業株式会社 代表取締役社長

**浅野和志**氏

2016年より現職。2018年に、「日本でいちばん大切にしたい会社」大賞の経済産業大臣賞を受賞。

**浅野**　人間の本質は『徒然草』が書かれた鎌倉時代からおそらく同じで、たぶん、古い時代から今に至るまで、経営の本質も同じなのでしょう。本質はずっと変わらず普遍的で、手段が時代によって違うだけです。

ＳＤＧｓやテクノロジー、企業管理などが手段、社員や地域の幸福が目的と考えれば、時代に応じて手段をちゃんと使い分けていけばよいわけです。

**生方**　そのお考えにとても共感します。「新しいことをやろう」と思って、過去から学んでみたら、本質は同じなのだと気づいてしまいます。

**浅野**　ドラッカーをはじめとする欧米の経営学者が経営理論を体系立てていますが、体系立てる前からそのような経営手法や発想法はずっとあったわけです。ＳＤＧｓにしても、日本の〝三方よし〟を欧米が発展させたものだと捉えることもできますよね。

例えば環境経営は、10年周期でトレンドがやってきては衰退してきました。ですが今は、地球環境の状況や、小学生からＳＤＧｓを教わって

株式会社生方製作所 代表取締役社長

**生方眞之介**氏

外資系企業を経て、生方製作所に入社。2023年より現職。代表取締役専務時代に「Forbes JAPAN」のスモール・ジャイアンツを受賞。

いることを考えると、環境経営の揺り戻しはなく、このままずっと続いていくと予想しています。

## 手段を目的化してはいけない

**生方**　手段は時代とともに変化していくということですが、手段を正しく使うことと、手段を目的化しないことが大事だと思います。目的に違いはなく、一方で、手段の重み付けに濃淡が出てくるので、その時代性を社長がちゃんと理解しないと、企業をうまく導けないでしょう。

**浅野**　経営の手段は、時代とともに移り変わっていくものです。ある時代にはファクトリーオートメーション（以下、ＦＡ）であったり、デジタルであったり、そういった時代性はあると思います。しかし、企業の目的が社員の雇用と幸福ということは、本質的に変わっていないでしょう。道具や制度は、あくまで企業を存続させる手段に属すると考えます。

**生方**　本質は変わっていませんね。手段が目的化すると、かえって社員の働き方を阻害してしまいます。働いている人も働き方も多様化しているわけですから、それぞれの人をサポートする会社組織にしないといけませんよね。

ところで、欧米と日本とでは、お国柄や働いている社員の組織文化も違うわけですよね。欧米の手段をそのまま日本で使おうとすると、相性が悪い点もあるだろうという印象を受けます。本質を見誤らないよう、経営者は気をつけないといけませんね。

**浅野** 目的が変わらない以上、その点はブレてはいけないと思うんです。組織を超えてコミュニケーションし、現場社員が自発的に声を上げられるような組織文化を作ることが大事なのだと思います。組織を形づくっているのはヒトなので、よい方向に社員の行動変容を促したり、よい話も悪い話も経営陣の耳に入ったりするのが理想です。そうしないと組織は硬直化して、現状維持しようとしてしまいます。ヒトと情報とコミュニケーションが重要だという点は変わらないんです。

## 社長にしか見えない景色

**生方**　では、そうした組織を統率する「社長」にしかできない仕事とは何でしょうか。私は、会社全体のビジョンを描くことだと考えています。専務取締役時代は営業部門の部門長をしていたのですが、その部門の運営方針だけしか描けませんでした。

当時は製造の原価や新製品の開発計画は他部門のこととして、意識していませんでした。営業部門が売上原価を管理し、購買部門が部品表を管理しているのですが、それでは粗利は誰が管理するのかとなると、双方でボールを取り損ねる場面がありました。

社長になると、会社全体を見ているわけなので、見える景色が違います。誰がどのように在庫を管理し、仕事を拾うべきなのか全体像をイメージし、すべての部門を改革できるようになりました。

社長は、点ではなく、線で語らないといけません。一部の出来事だけを取りあげて議論していても、会社全体をよくできないんです。

**浅野**　経営は、点ではなく、線で考えないといけませんし、社員へも線で語らないといけません。

また、経営の三面等価の原則でいう、義務、権限、責任のバランスを取ることも、社長にしかできない仕事であると考えます。権限ばかりを要求する人がいてはいけませんし、権限を持つなら責任を持たないといけないわけで、それぞれのバランスの取れた組織を作る必要があります。

そして、社長自身もそのバランスを持たないといけないわけですよね。

**生方**　その考えはとてもよくわかります。一つ、先日あったエピソードをご紹介します。営業部門から、「この価格でないと売れないので、製造部門はコストダウンしてほしい」という稟議が上がってきました。端的にいうと、〝売る権利〟の主張です。

ですが、私は社長として自社全体を見ています。すべての部門と経営資源を見渡して、「顧客の予算に合わせて提案するようではいけない」という発想を持っているので、営業部門に対して視座を高く持つことや、他部門のことを考えて行動してほしいと希望するわけです。ですが、営業部門にいた頃の私なら、きっと全く同じ稟議を上げ、個別最適の発想だったでしょう。

つまり、社長は企業全体を最適化する存在なので、特定の部門や特定の数字だけを個別最適化する発想や行動ではいけないのです。

## 流動性を高め、組織を活性化する秘訣

**浅野**　どの企業のどの組織でもあると思うのですが、管理職やベテラン社員が「それはもう過去にやってきた」と言って、若い社員の意見を止めたり、変化を止めてしまったりすることがあります。ですが、目的は同じでも、時代とともに手段が変わるかもしれないし、結果が変わるかもしれない。下から意見が上がってこなくなると、その部門の管理職にちゃんと注意しないといけません。会社という組織において、意見が上下左右に届かないというのは、情報の断絶ですから。

**生方**　上に立つ人にとって必要な能力というのは、謙虚さと意見を吸い

上げることだと私は考えています。当社の場合、やはりヒトが大事だと考えていますので、外部の有識者を招いて人事の制度や手法を学んで強化しています。

**浅野**　「自分がいないと、この部署はダメだ」と主張する〝部門の神様〟のような人が現れたら、その社員には別の部署に移ってもらいます。「その人でないとわからない」という硬直化のほうが、人材配置としても、スキル育成としてもリスクですし。

**生方**　同じ人が10年や15年同じ仕事を続けるというのは、本来よくないはずなんです。それがその人にとって、本当に幸せで、やりたいことなのかというと、そうではないはずです。横の部門にスライドして働けるような人事制度を整えようと、当社は改革に着手しています。

**浅野**　当社も、ローテーションで他部門にスライドできるようにしたところ、成功する社員が結構いるんです。このような施策を行って成功する社員が一人いればそれでよく、失敗した人を責めずにちゃんと救うようにするのが経営の仕事というものです。

**生方**　そうです、責めないことが大事なんです。私たちの場合も同じで、やはりローテーションで成功する人が結構います。そうして働いている人の姿を考えると、組織の硬直化や属人化は避けないといけないし、それを意識して改革を続けないといけないわけですよね。

**浅野**　当社は組織の硬直化を防ぐため、工場長であろうと部長であろうと、課長以上は必ず数年でローテーションするようにしています。そうすれば、組織は活性化しますし、部下は上司が変わることを前提にどう働くか考え、ローテーションする人たち自身もその期間にどう成果を出すかを考えます。

このような施策を実施したら、株主からは「では、社長も数年で交代するんですか？」と鋭い質問をいただきました（笑）。

これは本質的ですよね。本来、社長もそうあるべきなのかもしれませ

## 図1▶ 萩原工業の主な製品

萩原工業が製造、販売するブルーシート

萩原工業が製造、販売するスリッター
（シート切断、巻き取り加工機械）

んが、社長は選任いただく立場ですので、「選任いただいている間は頑張って会社を経営する」と答えました。

## 変え続けるのが社長の仕事

**浅野**　これは先代の社長の言葉なのですが、「組織は発足したその日から陳腐化が始まる」と考えます。頑張って組織設計をしても、時代の流れとともに、いつか必ず陳腐化します。だから、必ず組織を変え続けないといけないし、人も固定してはいけない。

うまくいかなければ、元に戻すこともあります。失敗を恐れて変えないのが最も悪い選択肢で、そんなことをしていると役員も社員も、変わろうとする挑戦意欲を失ってしまうんです。

**生方**　陳腐化や風化を避け、組織は変え続けないといけませんね。

## 図2▶ 生方製作所の主な製品

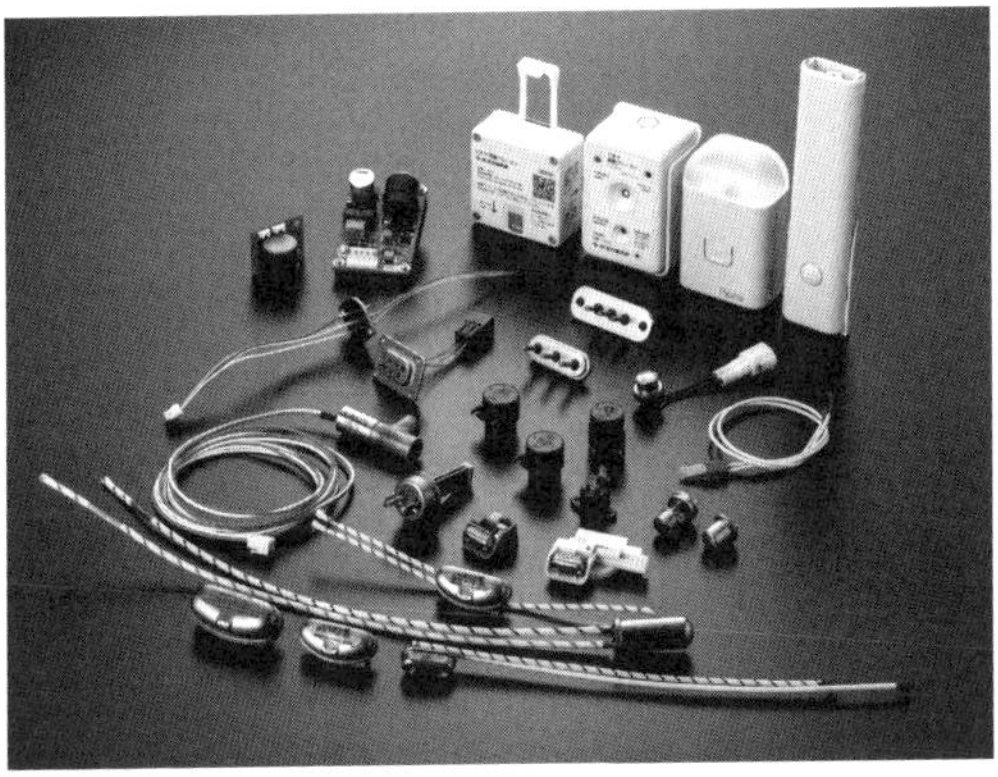

生方製作所が製造、販売する感震ユニットやモータープロテクター

生方製作所の社員が「家族の安全を守る」をテーマに考案した新事業、
防災用品Pioma+

**浅野**　当社は人事異動を4カ月前に発表します。どれだけヒトと仕事が張り付いた状態であっても、「4カ月あれば引き継ぎできるだろう」という考えからです。異動が発表されると、現場の社員も、上の人がどこへ異動するか考えて行動するし、異動する当人も次はどんな部門なのかを考えて行動します。

こうすると、組織は不安定になりますが、組織は不安定であるべきだと私は考えています。組織が硬直化してしまうことが、今の経営ではリスクです。

**生方**　引き継ぎには当人の心の準備が必要ですし、流動性やスキルセットの育成を考えると、直前の告知はよくないはずです。私はその告知期間を前倒しし、組織の硬直化をもっと避けなければと思いました。

そのような経営方針を作るのは、社長にしかできない仕事ですね。

**浅野**　先ほどの発言にも通じますが、組織そのものの全体最適化は、経営の一翼を担う役員ではなく、社長にしかできないことでしょう。

**生方**　当社はＥＲＰ導入から20年経過した今、経営改革プロジェクトを再び立ち上げました。ＫＰＩをさらに明確にし、それに基づき、人事制度を再編し、ローテーションを活発に行いたいと考えています。

ある業務に従事すると、ずっとその業務に就いている社員がいます。しかし、その業務を他の人が代替できるようにすれば、その人はもっと他の業務を経験することができますし、ローテーションすることでモチベーションアップもはかれます。

中堅中小企業は、ヒトという資源をまさにギリギリの中でやりくりしているので、どこに経営資源を配置するか、会社全体を見て考えなければ、事業を継続することすら難しいのです。こういった、現場からの積み上げだけではできない全体最適化も社長の仕事の一つですね。

## 日本企業を変えていくのは誰か

**生方**　やはり若い世代に期待したいし、少しでも早く任せたいと思います。先日、ある大学にゲストとして招待されたので、大学生に向けてスピーチしたのですが、Z世代が優秀だと改めて実感しました。
私はZ世代に大きな期待を寄せています。私の世代の価値観は、昇進して偉くなることや、お金を稼ぐことでした。ところが、Z世代は自分らしさを大切にすると同時に、他者を尊重する考え方を持っています。しかもテクノロジーやSDGsを小学生の頃から教わってきている。

**浅野**　Z世代は、最新の武器を生まれながらに使いこなせるだけに、私たちの世代よりも圧倒的に強いと私も考えています。Z世代は今の日本企業の役員や管理職と違う思考回路を持っていますが、彼ら・彼女らの意見に蓋をするのではなく、我々のほうが「新しい考えを学ぼう」と意識することが、新しい時代を共に作っていくことになるのでしょう。次の世代の意見をつぶしてはいけません。

**生方**　実は、当社で経営計画の企画をする際、50代のベテランチームと20代の若手チームに分けて、それぞれに案を作ってもらったんです。
そうすると、20代のチームの案のほうが、際立つものがあって面白かったんですね。20代が出してきたSDGs、心理的安全性、社員エンゲージメント、最適人材配置などのキーワードは、最新の経営理論ですが、上の世代の頭の中には決してないものです。私の頭の中にすらなかったかもしれません。

このような柔軟性こそ、日本や日本企業を変えていくうえで必要なのだと思います。

**浅野**　そういう時に、Z世代に口を出さずに、任せる組織文化を作るのが社長の仕事ですね。私も若い世代から学ぶことを大事にしています。

## 企業のあり方を変えていく、「新しい資本主義」

**浅野**　鎌倉投信[※2]の鎌田恭幸社長と私は懇意にしていて、「社長の仕事を知っているか?」と聞かれたことがありました。「それは、利益を出して会社を成長させることでしょう」と私は思ったのですが、鎌田さんはそうではないと言うんです。

「社長の仕事は笑うことなんだよ」と。

社長が余裕を見せなければ、組織は活性化しないし、取引先も不安になるということで、これも社長にしかできない仕事ですよね。

**生方**　それは目から鱗です。私は社長に就任したばかりなので、気負いがあるでしょうから、笑うことが仕事だと言われると……(笑)。

確かに社長がしかめ面をしていたら、部下は相談しづらいし、風通しのよい組織文化は作れませんね。会社はヒトの集合体でできているわけですから、組織文化を社長が作る努力をしないといけません。

**浅野**　組織文化というと、当社は法政大学大学院教授(当時)の坂本光司先生が主宰する〝人を大切にする経営学会〟に入会しています。そのきっかけとなったのが、〝日本でいちばん大切にしたい会社〟大賞の経済産業大臣賞を2018年に受賞したことです。[※3]坂本先生は「新しい資本主義」として〝三方よし〟ではなく〝五方よし〟と称して、5人のステークホルダーの幸せを追求するよう提唱しています。[※4]

1. 社員とその家族
2. 社外社員とその家族
3. 現在顧客と未来顧客
4. 地域住民とりわけ障がい者や高齢者等社会的弱者
5. 出資者・金融機関

**生方**　三方よしを超えて、五方よしですか！

**浅野**　坂本先生は、経営効率を重視する「Do」の側面ばかりが、120年にわたって〝伝統的な経営学〟で研究されてきたとおっしゃっています。今の時代はそうではなく、企業のあり方、つまり「Be」を問う〝人間重視の経営学〟の必要性を世に問いたいということなんだそうです。

これは、当たり前のことを当たり前に実践するべきだと言っているのですが、実際にやってみると、この当たり前のことをやるのが難しい。

当社はこのような賞をいただいたため、それにふさわしい企業であり続けないといけないというプレッシャーを感じることもありますが（笑）。

**生方**　結局のところ、経営の本質は変わらないため、企業は地域や社員やステークホルダーのために行動し、手段に振り回されてはいけないということですね。

当社は優秀な社員に支えられているので、ヒトをより重視して経営したいと思います。

## 車の両輪としてのテクノロジーと経営

**生方**　今の時代、経営とテクノロジーは間違いなく両輪です。手段、目的、結果のうち、テクノロジーが重要な手段となってきています。

**浅野**　そうですね。テクノロジーは手段であり、時代によって位置づけが変わっていきます。

ただ注意しないといけないのですが、テクノロジーを手段としてどんどん有効に使うのはよいのですが、目的とはき違えるのはよくないですね。

経営を行うのはヒトなので、ヒトがテクノロジーを使い、企業や社会をよくするという構図は変わらないと思います。テクノロジーそのものを目的化してしまうと、結局、価値は生まれません。

**生方**　今や、リテラシーという観点では、テクノロジーがわかっていないと、会話すら成立しないほどの状況だと体感します。

私は中国法人も管掌しているので、中国のデジタル化をよく見ていますが、中国では現金は使えないし、電子マネーがなければ何も買えず、どこにいてもありとあらゆる商品が配達される社会になっています。

こうした状況に危機感を抱くこと、世界を知ること、あとは冒頭の議論に戻りますが、テクノロジーは手段なので、テクノロジーを起点に考えないこと。手段が目的にどうつながっているのかを意識して会話しないと、単なるテクノロジー談義になってしまう気がします。

**浅野**　手段として大事なモノを正しく選び、正しく使っていくことが肝要ですね。ＦＡの時代からＡＩ技術の今に至るまで、テクノロジーは私たちを支えてきました。その手段がないと、目的に到達できないわけですが、手段の位置づけと使い方を見誤るといけないわけです。

**生方**　多くの業務がＡＩ技術で自動化されるなら、人材の配置や働き方は間違いなく変わるでしょう。横軸のバリューチェーンを横断して、社員のコミュニケーション強化を担うかもしれません。

また、市場や顧客の微細な変化を感じ取るのは、最前線の現場です。そして、その危機感を吸い上げて、会社を変えていくのだという強い思いを抱くのは経営者です。経営者と現場との〝緩衝材〟となっていた中間層がＡＩ技術に置き換えられたなら、経営者の強い思いは現場に直接届きますし、現場が感知した変化は経営改革の題材として、経営者の元にその危機感が届くようになるかもしれません。

**浅野**　ＡＩ技術は人間よりも正確で、高速に、休みなく仕事をしてくれるという点で、今後ますます活用が進んでいくと思います。しかし、ＡＩ技術は答えを出してくれるかもしれませんが、問いを立ててくれるのは人間です。例えば、経営者が気づいていない変化や、顧客の購買傾向が変わって、これでは買わなくなってきたというのは、人間が気づくものですので、人間が問いを立てることと、その問いをちゃんと検証していく組織文化を経営者が作っていく必要があります。

## ERP導入で、売上指向から利益指向の会社に

**生方**　AI技術は確かに大事なのですが、今の日本の製造業はひょっとしたら、経営を支えてくれる道具がまだ必要な段階にあるのではないかと感じます。当社が中堅中小企業で事業環境が厳しいというのもありますが、コミュニケーションや意思決定を高度化しないと、海外との差が広がってしまいます。2004年にERPを導入した際、在庫が30％減ったことや、納入リードタイムが7分の1に短くなったことなどで大きな効果が出ました。

中国企業を相手に戦うこの時代、ERPで改革をやっていなかったら、当社は今に至るまで存続できていなかったのではないかと思います。

**浅野**　当社も2004年にERPを導入しました。糸を作ったり、織物を編んだりする業態ですので、製造工程ごとに次々と仕掛品の管理単位が変わっていきます。これを人間が計算しているようでは、正しい原価などわかりません。今はERPがあるので、瞬時に原価がわかります。

ERPを導入した後、当社は利益指向の会社に転換すると決めました。そのためにERPを活用して、財務会計と管理会計を応用し、製品原価を可視化しました。品目別P／Lをもとに、注力製品や撤退製品などのカテゴリー分けを行い、注力製品を売るように、経営陣からは営業部門に指示を出しました。

現場も社長も同じERPの数字を見ているわけですから、何に注力し、何を撤退するか、正しい意思決定ができるわけです。特に撤退は、現場では判断できず、社長にしか判断できないことなので、考え抜いて指示を出します。

**生方**　瞬時に原価がわかるというのは素晴らしいですね。当社も次の改革で原価把握を高度化したいと思います。

## 図3▶ 事例動画

「萩原工業株式会社：精度の高い損益管理で高利益体質な組織への転換に成功」。話し手は浅野和志社長

「株式会社生方製作所：自社社員によるSAP ERPのビッグバン導入でBPRを推進し、組織の全体最適を実現」。話し手は前社長の木村重夫氏

**浅野**　このような改革を行ったら、面白いことが起きました。「原材料の原油価格が上昇傾向だが、本当にこの標準原価で売っても大丈夫なのか？」と、営業部門と購買部門が自律的に相談を始めたのです。現場から自然発生的に、ＥＲＰで原価の傾向を把握しつつ、何を販売するのか、みんなが共通言語として活用し始めました。

リーマンショックの時も、一度も四半期で赤字を出すことなく乗り越えられたのは、社員が自ら考えて行動するようになったからだと思います。やはり、テクノロジーという手段を、目的のためにうまく使うのが大事なんです。

## 意識と文化を変える手段としてＥＲＰを使う

**生方**　自律的な行動で、素晴らしいお話だと思います。

当社がＥＲＰ導入で得た効果は、やはりヒトです。ＥＲＰのおかげで誰が仕事を握っているか、誰が仕事を拾うべきかが明確になり、行動様式が変わりました。

先代の社長がＥＲＰ導入時に仮説を持っていて、製造現場のブルーカラーは限界まで作業効率を改善していたが、ホワイトカラーの生産性はもっと上げられるだろうと考えたそうです。

受注から生産に至るまで、伝票は誰が未処理で、在庫の状況はどうなっているのか、ＥＲＰを見ればわかるわけです。伝票が未処埋であるとわかることよりも、「未処理だから早く処理して、次工程に渡そう」と社員の意識が変わったことが大きいんです。せっかく現場が限界まで頑張ってくれている製造リードタイムなのだから、事務処理でボールを取り損なうのはもったいないですよね。どこにメスを入れるべきなのかをＥＲＰが可視化し、そこから社員に変化を促したわけです。

なかなか変えられないヒトと組織文化を変えるということが、経営においては大事なのだと思います。

**浅野**　経営の本質がヒトと組織であるというのは、これからも変わらないでしょう。そのための手段をうまく選んでいき、活用していくことが大事だということですよね。

社長は会社全体を見渡し、全体最適化をはかりつつも、役員や管理職を信頼し、任せることでヒトを育てないといけません。そして、組織の硬直化も防がないといけないわけです。

手段、目的、結果や、三面等価の原則を意識するバランス感覚が常に求められるのが、社長というポジションなのでしょう。

**生方**　本当に、おっしゃる通りだと思います。今日はありがとうございました。

**浅野**　こちらこそ、ありがとうございました。経営に終わりはありませんが、ヒトを大切にし、組織を変え続け、よい会社を作っていきましょう。

文責：宮本裕司

浅野氏（左）と生方氏（右）
2024年5月23日、萩原工業株式会社 本社にて

引用・参考資料

※1…〝世界初の製品を生み出し続けるデバイスメーカーの秘密―生方製作所〟、Forbes JAPAN、2022年2月26日。
https://forbesjapan.com/articles/detail/45997

※2…鎌田恭幸が2008年に設立したインパクトファンド。未来を託すために「いい会社」にこそ投資するという経営方針である。

※3…「日本でいちばん大切にしたい会社」大賞　第8回受賞企業
https://taisetu-taisyo.jimdofree.com/第8回-受賞企業/

※4…坂本光司『「新たな資本主義」のマネジメント入門』ビジネス社、2021年。

# Chapter 5

# 事例に学ぶ意義

日本企業の皆さんから、「変わりたいけど変われない」という悩みをお聞きするのですが、嘆いたり悩んだりしている間は何も価値を生まないので、早く行動を起こしたほうがよいと筆者は考えます。

スタートアップの世界には、「自分が何かのアイディアを考えたら、この世界で千人は同じことを考えていると思え」という金言があります。早く行動し、早く始めるべきなのです。

では、自分が何かについて悩んでいるとしたら、この世界で千人は同じことで悩んでいると思いませんか？　日本企業の悩みも同じように千人以上が悩み、すでに解決策を見出している人がいるでしょう。

悩んだら、誰かに聞くことです。普遍的に通用する定石が必ずあり、それを考えた先駆者がいるはずです。自分だけ、あるいは自社だけで考えても、集合知の前では力が及びません。

ただし、他社と自社の違いは、自分の頭で考えないといけません。どんな事例や定石にも個社固有の背景があり、完全に同じ話はこの世にありません。だからこそ、自社の経営陣は意思決定するために、頭を使う甲斐があるのです。外部機関に意思決定まで委ねた結果、想定した成果が得られなかったということが多くありますが、[※1]意思決定は自分でやらなければいけません。自分の人生を誰かが代わりに生きてくれないのと同様に、経営もまた、誰かが代わりに意思決定はしてくれないのです。

## 個社による情報収集の限界

ここで課題提起したいのですが、過去の経験やネット上に溢れる情報を、会社の経営を担う材料にしてしまうのはリスクを伴います。

調査の素人が調べるのは危ないし、信用度がわからない情報を収集するのもリスクがあります。Chapter 3にて、データ活用に挑戦するどの事例も、情報の信憑性リスクと精査の必要性を論じています。

意思決定の材料にする情報を精緻にしましょう。数名や数十名の社員で、本業の片手間に空いた時間で何かを調べてもたいしたことはわかりません。自社で調べる限界は何で、専門家から何を学び、他社から何を学ぶかを整理することが重要です。つまり、今どんな情報が足りないのかを仮説検証しながら、意思決定に近づいていくわけです。

## なぜ事例が欲しいのか

主に外資系企業で働いてきた筆者が日本企業からよく言われる言葉は、「事例が欲しい」です。

ところが、海外のビジネスパーソンと働いたり、学んだりしても、事例についてはほとんど聞かれたことがありません。海外では「今から過去の事例を真似しても、できあがる頃にはレガシーになる」とか「事例は自分で作るものだ」という考え方が主流で、事例の本質や普遍性から学ぼうとする姿勢が見受けられます。

日本企業の場合、安心材料が欲しいことや、横並び主義、前例踏襲主義で、事例を探し始めるパターンを筆者は見てきました。上司や経営者から調査の指示が出るという話も聞きます。しかも日本の同業界で、同じくらいの年商で、同じ範囲の事例でないといけないという条件つきだそうです。

しかし、あいにくそんな都合のよい事例は普通ありません。どの企業も何らかの特殊性を持ったうえで打ち手を講じているわけですから、ぴったり同じ事例などありえないのです。

それに、どこからどこまでを事例として公開するかは、個社の判断になってきます。仮に自社がすでに何かを成し遂げたとして、「さすがにここまでは公開したくない」と思うレベルのものは、他社も公開していないものです。

## それでも事例から学べること

ベンダーが紹介してくる事例は、当然のことながらリレーションが良好な企業である場合が多いと思います。

しかし、ここからも学ぶことができます。事例になった企業が豊富にあるということは、実際に何らかの仕組みやシステムを使いこなしている企業が多数あり、さらにその中から、事例化の許可を出しているということです。つまり、「事例が存在する」ということそのものが、実現性の高さの証拠になります。逆にいえば、事例がない仕組みやシステムは「できるかどうかわからないが、理論的には可能」という域を出ていないわけです。

実績やシェアという言葉そのものは、ユーザー企業にとっては何が大事なのか心に響きません。もう一歩踏み込み、「だから本当に使える」「だから持続的に使える」と解像度を上げて考えると、事例から学ぶポイントがわかってきます。

## 経営リスクの最小化という観点で学ぶ

事例の存在から学べることに加え、皆さんにさらに考えてほしいことがあります。それは、事例を模倣しようとするよりも、事例を参考にして意思決定のミスを防ぐことです。

投資する際、出費をなんとか抑えたいという気持ちは確かに大事なのですが、正しい体制と正しい目的のプロジェクトを作るほうが、はるかに効果を出し、コストを低減できます。会社の方針が1％誤った際、3年後や5年後にどれほど大きなブレ幅になっているでしょうか？

誰もが初めてのことに挑戦する時代ですが、意思決定するまで時間は待ってくれません。失敗を恐れるくらいなら、先駆者や事例など、学べるものから早く学ぶ柔軟な思考を持つほうが得策です。失敗で失うものより、何もしない経営リスクのほうが高いし、労働者人口の急減という日本の課題は、世界の誰も経験したことがないので解決した事例はまだありません。

また、Chapter 4で言及した「日本でいちばん大切にしたい会社」大賞は、業界や規模の大小を問わず多くの企業が受賞しています。[*1]

つまり、先駆者がどんな業種で、どんな企業規模で、どんな個社固有の背景を持っていても、深く考えていけば、誰からでも学べるのです。

文責：宮本裕司

＊1…従業員のみならずその家族や外注先・仕入先、顧客、地域社会、株主など、関与するあらゆる「人」を幸せにする企業を増やしたいとの思いで、2010年に始まった顕彰制度（第1回表彰は11年）。主催は法政大学、日刊工業新聞社、あさ出版。


引用・参考資料

※1…カレン・フェラン『申し訳ない、御社をつぶしたのは私です。』大和書房、2014年。

# あとがき

本書では、経営戦略と並んで、社員の組織文化改革や行動変容の重要性を提唱しました。〝戦略を実行して価値を出すのは人間である〟ということを皆さんにお伝えしたかったためです。

筆者が大学院でストラテジック・インプリメンテーション（Strategic Implementation）という科目を履修した際、「戦略を立案しても、実行段階で37％の価値が失われる」と教わりました。社員が目標を理解できていないことや、誤った業務に労力を費やすこと、具体的に何もしなければ現場に浸透しないこと、戦略の伝達ミスなどが、価値の喪失を起こす主な原因です。つまり、戦略そのものではなく、その戦略を実行する組織にも同じくらい価値があるというわけです。

さて、事例と対談のChapterでは、ＣＥＯや、生産管理から経営企画まで幅広く統括するポジションの方、ＩＴ部門、データサイエンス部門など、さまざまな方のお話を伺いました。多くの事例で、〝経営層の率先垂範や現場への支援が必要〟である旨の発言がありましたが、CEOが指示を出すだけで終わってしまっては、改革は遂行できません。阪急阪神ホールディングスや塩野義製薬の事例から、経営トップの後ろ盾に加え、実際に変革するリーダー、行動変容を起こす現場社員という構図が見て取れます。つまり、変革は企業の中のすべての階層で必要であり、特定の誰かが熱く燃えるだけではなく、周囲の人たちも共に熱く燃えるようになることが変革であるといえるでしょう。

戦略を立案してから実行に移す際のキーパーソンは、COO（Chief Operating Officer、最高執行責任者）です。なぜなら戦略（Strategy）をオペレーション（Operation）に落とし込み、現場を動かす必要があるためです。本書の事例では、ファインネクスの宮森氏が、実質的にCOO的な役割を担っているといえます。

戦略を作っても、具体的で緻密な計画がなければ、価値を生むところまで戦略を実行できませんし、計画の陣頭指揮をとる指導者も必要です。

つまり、戦略とオペレーションの間にある階層のギャップを埋め、実行計画を立案し、遂行する人がCOOというわけです。

CEOは夢想家で大戦略を立ててアクセルを踏み、COOは現実主義者でオペレーションを考えながら適度にブレーキを踏むということが多くあります。本田技研工業の本田宗一郎氏と藤沢武夫氏、ソニーの井深大氏と盛田昭夫氏のように、戦後の日本企業の中にはCEOとCOOが見事なタッグを組んでいた例があります。そのような経営者は、管掌部門のみに専念することはありませんし、大きくなっていく自社を全体最適指向で考えていました。

「変化を起こそう」と考える企業は、CEOの補佐役であるCOOの設置と、会社を縦串と横串の組織横断で統括する権限付与をお勧めします。Chapter 4で出た、〝高度成長期から経営の本質は変わっていない〟という言葉の通り、私たちは過去から学ぶことができますし、事例からも学ぶことができます。

ところで、CEOとCOOが自動車のアクセルとブレーキのように密に支え合う存在だとすると、テクノロジーはギアのようなものだと筆者は考えます。第三次産業革命時代から第四次産業革命時代へと急激な変化を起こし、戦い方と考え方を一段階変えるものがテクノロジーです。現状の延長で〝ふりかけご飯〟ビジネスを作るのではなく、テクノロジーで完全に世界観が一新された〝炊き込みご飯〟ビジネスを作りましょう。

ＣＥＩＢＳ（China Europe International Business School）のリンリン・チャン教授は授業で、経営学者ジョージ・デイの言葉を中国の文脈に当てはめてこのように言っていました。

テクノロジーは天気、景気は季節、人口は木、文化は地平線のようなもの。

テクノロジーは天気のようにすぐ変わってしまうため、追いかけるのが大変です。景気や人口は緩やかに変わっていきます。そして、文化はどれだけ時が経とうと、そう簡単に変わるようなものではありません。

今の時代、テクノロジーは経営だけでなく生活や文化まで変えてしまいます。急激に変化するテクノロジーを活用しつつ、普遍的な組織文化を作れれば、持続的な強みになるでしょう。

Chapter 4の社長対談では、2人の社長が共通して人本主義(人を大切にする経営)を重視していました。経営とは何かをつきつめて考えれば、「会社にかかわるすべての人の幸福を追求する」ものだという新しい資本主義になるのでしょう。

企業に一人でも〝他人〟、言い換えれば創業者一族以外の人が入社すれば、その企業は社会の公器です。自社の組織、サプライヤー、取引先などは、すべて人でできた仮想のコミュニティーです。自社のことや、自社の一部の人間のことを考えるのではなく、社会全体の人を考える文化になってほしいと願います。

経営者とは野球の中継ぎ投手のようなものだと筆者は考えます。創業者だけが先発投手ですが、それ以外の経営者は皆、企業という試合を引き継いでいるわけです。何代にもわたって中継ぎ投手が支えていく企業のためにも、良い経営が社会に浸透することを祈ります。

本書はテクノロジーを題材にする場面がありつつ、経営改革や組織文化変革に焦点を当てました。本書をきっかけに、自社の社員だけでなく、サプライヤーや取引先の社員に至るまで、人々の幸福を考える五方よしと人本主義を実践する経営者や次世代リーダーが増えれば幸いです。

また、テクノロジーの活用や新しい資本主義に関しても、日本企業もこのような考えに追従していくと期待されます。第一次産業革命から第三次産業革命までの大きな変化に適応したように、考え方や働き方を変えてきました。人間はいつでも変わることができるのです。

最後になりましたが、インタビューに応じてくださった企業に始まり、本書を手に取ってくださった皆さんに至るまで、本書にかかわったすべての方に感謝します。

文責：宮本裕司

# Overall Optimization

## ～オーバーオール・オプティマイゼーション～

## 個別最適経営に意味はない。
## 今こそ全体最適経営を

2024年10月30日　第1刷発行

**編著者**　宮本裕司（SAPジャパン）
**出版チーム**　大熊菜穂、大沢有貴、東 朋美、久松正和、山田美紀子（SAPジャパン）
**発行者**　鈴木勝彦
**発行所**　株式会社プレジデント社
〒102-8641
東京都千代田区平河町2-16-1 平河町森タワー13階
https://www.president.co.jp/　https://presidentstore.jp/
電話　編集 03-3237-3733
　　　販売 03-3237-3731
**販売**　高橋 徹、川井田美景、森田 巌、末吉秀樹
**装丁**　鈴木美里
**組版**　清水絵理子
**校正**　株式会社ヴェリタ
**制作**　関 結香
**編集**　金久保 徹、浦野 喬
**印刷・製本**　大日本印刷株式会社

本書に掲載した画像の一部は、
Shutterstock.comのライセンス許諾により使用しています。


ISBN978-4-8334-5249-6
Printed in Japan
落丁・乱丁本はお取り替えいたします。